子どものいない夫婦のための

養子縁組ガイド

●制度の仕組みから真実告知まで●

吉田奈穂子

明石書店

はじめに

私が平成21年に前著『子どものいない夫婦のための里親ガイド』（明石書店刊）を書いてから、6年ほどの間に、里親と養親についての世の中の受け止め方が大きく変化しました（注1）。テレビや新聞などの報道で養子縁組家庭が取り上げられ、特別養子縁組が永続的な家庭を子どもに保障する制度であることが少しずつ周知されてきました。また、マスコミによる民間機関の養子縁組あっせんに関する報道がきっかけで、民間機関の取り組みのあり方が社会で議論されました。

国の里親制度をめぐる動向としては平成23年に里親委託ガイドラインが策定され、子どもの心身の発達にとって新生児の時期から里親委託を検討することが重要であると示されるとともに「養子里親の年齢は、子どもが成人したときに概ね65歳以下となるような年齢が望ましい」という年齢差の目安も示されました（注2）。

平成26年には、テレビドラマ『明日、ママがいない』に登場する社会的養護の子どもたちと支援者の言動について議論が湧き起こり、社会的養護への関心が高まりました（注3）。そして平成27年、特別養子縁組を前提に子どもを迎えた夫婦が育児休業を取得できない現状を改めるため、厚生労働省の研究会が、法改正で育休を認めるべきだとする報告書をまとめました。

前著の執筆時の統計では、里親委託されている子どもの数が３６１１人だったのに対し、本書の執筆時の統計では、４５３４人と約25％増えました（厚生労働省「児童養護施設入所児童等調査結果」平成21年、27年）。

このように、子育てを望んでいる大人と家庭を必要としている子どもの出会いが社会に後押しされているにもかかわらず、養親になることを検討し始めた夫婦にとって、テレビ、新聞、インターネットの情報は断片的でわかりにくいままです。

養親になることを検討する人は、以下の3点を最初に知っておく必要があります。

- 養子縁組を前提に子どもを迎えるには、児童相談所から迎える方法（里親制度の養子縁組里親になる）と養子縁組をあっせんする民間機関から迎える方法の2つがある
- 民間機関のなかには養親の条件として里親登録を求めている場合がある
- 子どもを迎えたあとは、法律的に親子になるために家庭裁判所に養子縁組の申し立てをする

本書は、児童相談所から子どもを迎える方法と民間機関から迎える方法について説明し、家庭裁判所に養子縁組の申し立てをする際の手続きや法律にも触れ、里親養親・養子の体験談や支援者からのメッセージを読むことで、読者が養親の子育てをイメージできるよう、まとめました。

- 養子縁組希望者が検討するべき事項や課題
- 里親制度と民間機関の情報の集め方
- 児童相談所から子どもを迎える場合の流れ
- 民間機関から迎える場合のおおまかな流れ
- 子どもを迎えてからの生活
- 養子縁組の手続き
- 真実告知、子どものルーツ、思春期
- 養親が受けられる支援

児童相談所と民間機関の両方に登録して子どもの紹介を待つことを検討する読者や（このようなご夫婦は多いです）、里親登録を条件とする民間機関で子どもを待つことを検討する読者は、児童相談所（里親制度）と民間機関の該当ページを行ったり来たりすることになります。

また本書では、個々の民間機関の名称をあげて、どの機関がどのような養子縁組あっせんをしているかについては書いていません（私が日頃から勉強させていただいている「あんしん母と子の産婦人科連絡協議会」についてのみインタビュー記事を掲載しています）。民間機関の取り組みは実にさまざまであり、年齢制限や養親が負担する費用、共働きの可否などの養親への条件設定は、各機関の理念や経験から得られた考察に基づいています。理念や取り組みの歴史を十分に説明することなしに、安易に民間機関の条件を並べて記載することは、養子の子どもたちへの配慮を欠いており、読者の誤解にもつながると考えた結果ですので、ご了承ください。

民間機関で子どもを迎えた方は、どの方も機関のサイトをよく見て自分から積極的に動き、自分の足で得た情報をよく吟味し、自分に合った機関とご縁がつながっています。これから民間機関を検討される方もぜひそのように動いてください。

生殖医療の発展により、子どもを望むカップルが不妊治療を終える年齢が年々上がっていると聞いています。養子縁組に関心がある方は、できるだけ早い段階で情報を得て、検討のための時間と子育てのための時間を確保していただけたらと思います。

本書が養親と子どもの豊かな世界、産むのではなく育てる選択肢に進んだ養親の喜びを伝えることができましたら幸いです。

【注】

(1) 前著では児童相談所から子どもを迎える方法について書きました(里親制度の養育里親と養子縁組里親)。したがって、本書の里親に関連した記述や私の経験は前著の該当内容と重複しています。なお、本書で使う養親とは、養子縁組によって子どもの親になった人のことです。

(2) 新生児とは生後28日未満の乳児です。

(3) 社会的養護とは保護者のいない子どもや、いろいろな事情で保護者と離れることになった子どもを社会が公的な責任のもとで育て、養育に大きな困難を抱える家庭への支援を行うことです。

特別養子縁組で養親になる道のり

（チャート図はおおまかな流れであり、ケースによっては順番が前後します）

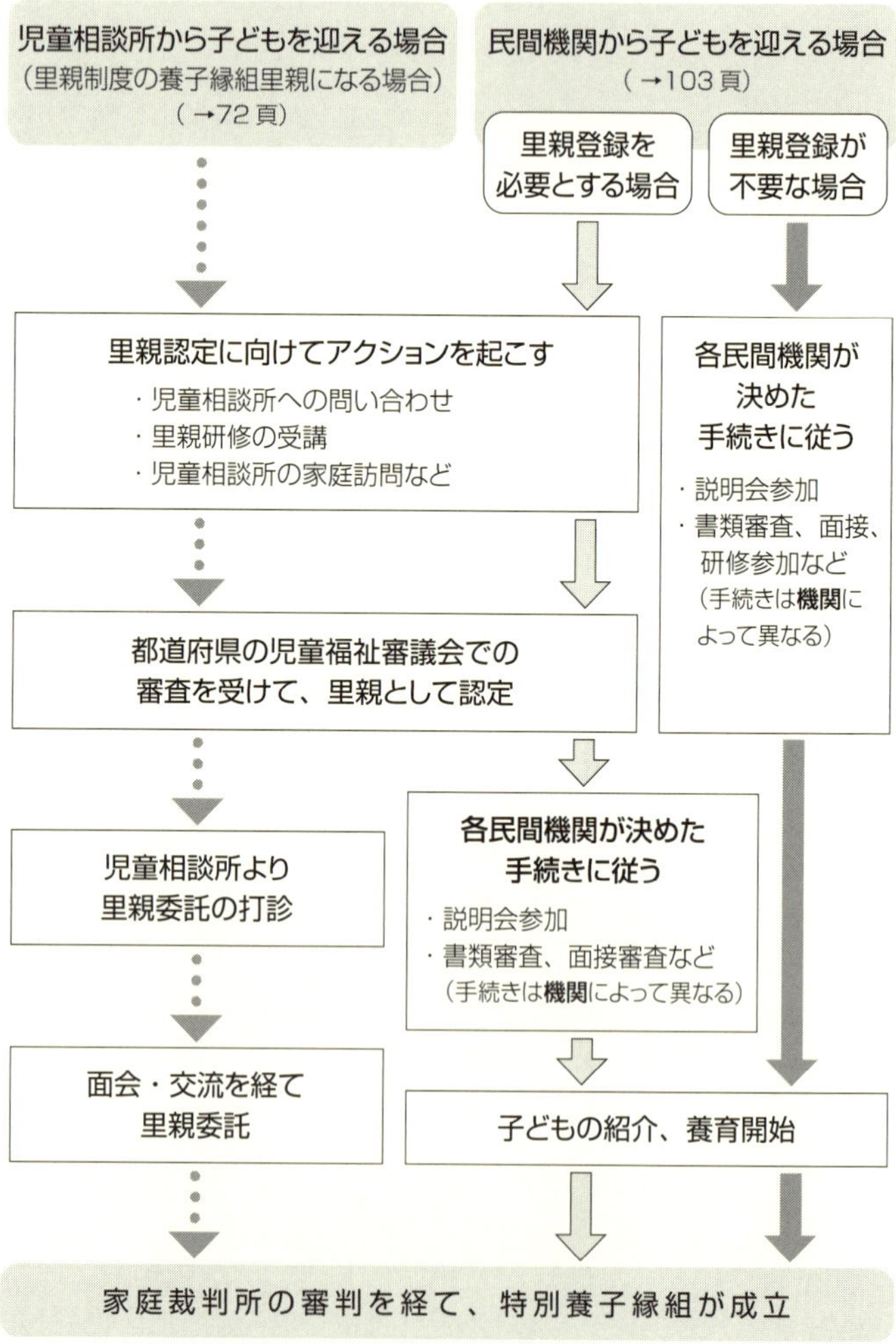

子どものいない夫婦のための養子縁組ガイド●目次

第2章　養親になることを検討するための情報収集……………53

第1章

「産む」から「育てる」へ
——不妊と養子縁組

1　私の経験

「治療がんばる！」から「治療が面倒」になるまで

「駅からかなり歩くし、不妊クリニックに行くのは面倒だなあ」

妊娠という目標に向かって一心不乱に治療を受けていた不妊患者の私が、治療開始から2年も経たずに、このように考えるようになるとは、治療開始時は思いもよりませんでした。

私たち夫婦は年齢的に遅めの結婚をしたので、すぐに子どもが欲しいと思っていました。そして、子どもは簡単に授かるものと思い込んでいたので、そうではないことがわかった時は単純に驚きました。不妊治療を受け始めたのは結婚から数年後でした。年齢的に時間の猶予がなかったので、治療に集中するために、私は通勤のある仕事をやめました。そして日々の生活は、治療をきっちりとスケジュールに組み込んだものとなり、治療中は不妊関連のサイトを穴のあくほど見て、妊娠の兆しがないか、「考えてしまう」ようになりました。考えても仕方がないことを延々と考えるうちに、徐々に自尊心が低くなっていきましたが、その時に助けてくれたのは通院や不妊当事者サイトで知り合った友人たちでした。タイミングが合えば、通院後にみんなでランチバイキングに行き、お腹いっぱい食べて、弱音や愚痴を語り合い、「１人じゃない」ことに支えられました。

1件目の不妊クリニックで何回か治療を試みたあと、医師から「治療で妊娠するのは難しいだろう」と引導を渡されました。その頃、妊娠に関する情報を掲載していたネットの掲示板で、ある書き込みを見つけました。そこには、(掲示板に書き込んでいる人の) 知り合いの夫婦に子どもが授からなかったので、2人の子どもの里親になったこと、家族構成が両親と子ども2人のごく普通の4人家族であること、その子どもたちも大学生に成長したこと、里親として子育てするというのも1つの選択肢だと思うと書かれていました。その書き込みが強く印象に残ったので何度もアクセスして書き込みを見つめるようになり、ついには、手元に残したいと思って、書き込みをパソコンに保存しました。でも、当時は「里親になることは子育ての1つの選択肢だ」という情報を押さえる程度の気持ちでした。

その後まもなく、別の不妊クリニックに転院することになりました。そこでの初回の治療も失敗に終わり、1件目のクリニックの見立てを受け入れざるを得ない状況になった時、子育てしたいなら里親になることが現実的のように感じました。夫には「里親になる方法もあるよ」と伝えてみましたが、夫にとっての里親の世界は日常から離れた遠い世界の話に聞こえたようで、真に受けてもらえませんでした。私にしても、まだ夫を強く説得する段階にはありませんでした。

2件目のクリニックでの2回目の治療で妊娠することができましたが、あっという間に流産となりました。手術を受けた産婦人科では、流産の処置室と分娩室がパーテーション1つでしか仕切られておらず、私にとってタイミングが悪いことに、私の手術と隣室での分娩が同時に行われました。麻酔からぼんやりと覚めてきた時には、妊婦さんが分娩真っ最中で、助産師さんの「がんばって！　あともう少し！　ほら、頭が見えてきた」という声が聞こえました。そして次に聞こえたのが、赤ちゃんのお父さんの「赤ちゃん、はじめまして！」という喜びの声です。まるでホームドラマの音声を聞いているような感じでした。どのくらい時間が経ったのかわかりませんが、次の記憶では、私の周囲で、「重い！　重い！」とフーフー言っている声が聞こえていました。あとで看護師さんから聞いた話では、流産した私があまりにも気の毒で、一刻も早く、処置室から離すべく、数人がかりで私を病室に運んだそうなのですが、私の体重がとても重かったそうです（笑）。つらい経験でしたが、病院のスタッフの方々の思いやりを感じました。

不思議だったのは、病室に戻った時、「これで里親になれる」と、どこかでホッとしたことです。そして、病室に駆け付けた夫には「里親になるからね」と言い渡すように伝えました。切羽詰まった状況のなか、夫も「わかったから、ゆっくりと考えてみよう」と言ってくれました。でも、「じゃ、すぐに里親登録しよう」となったわけではありませんでした。「一度妊娠したのだから、また妊娠できるかもしれない」と次の結果を期待する気持ちもあったのです。流産から体が回復したあと、治療を再開しましたが、結果は出ませんでした。そして、治療継続と里親登録との間で揺れ動いていた心の振り子が止まり、冒頭に書いたように、なんの苦労も強い決心もなく、「なんか、もう、治療するのが面倒くさい」という心境に至ったわけです。

現在のわが家は、私と夫と特別養子縁組をした子どもの遊（仮名）の３人で暮らす養子縁組家庭です。本書では、私たち夫婦が遊を迎えるまでの道のりとその後の生活、養子縁組を前提に子どもを家庭に迎えることについて、里親養親仲間さんたちの体験談を交えて紹介していきたいと思います。

２　児童相談所と民間機関

子どもを望んでいる夫婦が養親になるには、２つの方法があります。１つは、児童相談所から子どもを迎える方法（里親制度の養子縁組里親になる方法）です。もう１つは、養子縁組をあっせんしている民間機関（以降、民間機関）から子どもを迎える方法です。ここで少し、この２つの方法について簡単に説明したいと思います。

児童相談所から子どもを迎える（里親制度の養子縁組里親になる）

里親制度とは、さまざまな事情で家族と離れて暮らす子どもたちが家庭的な環境で健やかに育つための制度です。里親制度は「児童福祉法」という法律を拠り所として、都道府県が運用しているので、地域によって多少運用に違いがあります。

児童相談所が保護した子どもに家庭が必要だと判断した場合、子どもは里親委託されます。里親に委託されている子どもを委託児童といいます。児童相談所は児童福祉法に基づいて都道府県に設置されている子どもに関する相談援助機関です。里親にはいくつかの種類があり、おもなものとして、養子縁組前提に子どもを迎える養子縁組里親と養子縁組をしない養育里親があります。養子縁組里親は、一定期間、子どもを育てたあと、家庭裁判所に養子縁組の申し立てをします。そして、家庭裁判所の調査、審判を経て養子縁組が確定すると、里親の立場が養親に変わります。

養子縁組の種類は、普通養子縁組と特別養子縁組の2種類があり、それは「民法」で定められています。特別養子縁組では、生みの親と子どもの法律上の親族関係が終了し、養親が子どもの唯一の親となります。一方、普通養子縁組では、生みの親と子どもの法律上の関係は終了せず、子どもにとっては法律上、生みの親と養親の2組の親が存在することになります。養子縁組里親が前提としているのは特別養子縁組がほとんどですが、迎える子どもの年齢によっては、普通養子縁組の場合もあります。特別養子縁組では、子どもの年齢が縁組の申し立て時に6歳未満でなければならないからです。

民間機関から子どもを迎える

民間機関による養子縁組あっせんは、里親制度では運用されていません。しかし、民間機関のなかには、養親の条件として、里親登録を必須としていたり、望ましいとしている機関があります。このような民間機関で子どもを迎える場合は、お住まいの都道府県で里親登録する必要があります。養子縁組あっせんの考え方、養親の条件、登録、子どもを迎えるまでの流れは、民間機関によって異なります。民間機関のサイトを見るだけではわからないこともあり、くわしい内容は直接、問い合わせる必要があります。

子どもを迎えたあとに、家庭裁判所に養子縁組の申し立てをする点は養子縁組里親と同じです。

3 里親養親になるのはそんなに特殊なことなのか

流産を契機に里親制度に本格的に関心をもち、不妊クリニックに足が向かなくなった私でしたが、里親制度は安易に足を踏み入れてはいけないような世界に感じました。例えば、治療仲間が集まってランチをする席で、「里親になってみようかな」と言ってみたら、「ええーっ、そこまでするかぁ？」とかなり驚かれてしまいました。妊娠を目指して頑張って治療を受けている友人たちにとっては、ごく当たり前の反応だったと思います。また、福祉に長くかかわっていた年配の知人にも伝えたところ、「あのね、あなたは子育てが免除されていると思ったほうがいいですよ」と諭されました。福祉に通じているから賛成してもらえるかと思ったのですが、逆に福祉にくわしいからこそ心配して反対したようでした。流産の処置手術のあと、病室で里親を考えることに同意してくれた夫も、その場を収めるためにとりあえず同意した程度だったので、積極的ではありませんでした。里親になることはそんなに特殊なことなのか、自分の意識が周囲とズレているのか……、周囲の反応でおじけてしまったのも事実です。一歩前進して二歩下がる時期でしたが、子育てを希望し、実際に子育てをするのは周囲ではなく自分です。納得いくまで調べて無理と感じたらあきらめる、先に進みたかったら夫に理解してもらえるように努力すると決めました。

里親制度は不妊の延長線上にある制度ではない

さまざまな事情で家庭を必要としている子どもがいる。一方で、子どもを望んでいたけれども叶わなかった夫婦がいる。そういう子どもと大人が出会い、里親制度により、親子の縁を結ぶ。こう書くと自然の流れのように感じられますが、「妊娠」を追い続けていた不妊経験者の私が里親制度を理解するのは難しいことでした。つい昨日まで、体外受精を試みて、「無事に採卵できるだろうか」「受精卵を移植できるだろうか、着床しただろうか」「陽性反応は出るだろうか」と自然妊娠では考えられない細かい心配を続けてきた頭をすぐに里親制度の趣旨に沿った考え方に転換できなかったのです。しかし、不妊治療経験者の気持ちがどうあろうと、里親制度は子どもが授からなかった大人のための制度ではなく、家庭を必要とする子どものための福祉制度です。子どもが欲しい気持ちと子どものための福祉制度とのギャップは私のなかに歴然としてありました。

さらに児童福祉にまったく馴染みのなかった私にとって、ネットで目にする里親制度はとても敷居が高く、里親さんたちは社会貢献をしている立派な人たちでした。正直なところ、気が引けてしまい、自分の子どもが欲しい私はお呼びじゃないと思いました。今でこそ、特別養子縁組は戻れる家庭のない子どもにとって最良の選択肢であることが徐々に理解され始めていますが、当時は、養子縁組里親はエゴの塊のように言われることもありました。私が不妊治療をし始めた当初、年配者から、「不妊治療は倫理に反する」と非難を受けたことがあります。そして、妊娠が叶わず、養子縁組という選択肢をしようとすると、「子どもを欲しがるエゴ」と言われることがあると知りました。「エゴ」は便利に使われていて、具体的に何を意味していたのかはよくわかりませんでした。ただ、やみくもに子どもを欲しがっていると人に受け取られると、誤解されるのだと感じました。

それでも里親登録に向けて動くことができたのは、子どもを紹介されるまでに、数年は待つらしいと聞いて、「待ち期間を里親制度の勉強に充てることができる」「待つ時間のなかで自分の気持ちを確かめていける」「子どもとのご縁がなかったらあきらめられる」と段階的に進めるだろうという気持ちからでした（実際は登録から8ヵ月で紹介がありました）。また、葛藤を感じても、それが里親登録の妨げにならず、突っ走る性格だったこともあります。とんとん拍子に登録は順調に進みましたが、それはひとえにタイミングの賜物《たまもの》でした。あの時に動いていなかったら、私たち夫婦は別の人生を歩んでいたことでしょう。

私たち夫婦が里親登録した当時は、現在のような里親登録前の研修制度がなく、登録後の研修の場も限られていました。幸いなことに、登録前から地域の養子縁組里親さんと知り合う機会はあったものの、里親制度全体を知るのにはかなりの時間がかかりました。「子どものための福祉制度」を言葉の上ではなく、本当に理解できたのは、恥ずかしながら、遊がわが家に身一つでやってきた時です。おもちゃや可愛いベビー服をいっぱいもっているはずの今時の赤ちゃんが自分専用の下着もなく、身一つでやってきた現実。それを見て「子どものしあわせのための制度」だということがわかったのでした。

4　不妊がつらい時はケアしてくれる場所で気持ちを話す

私はいろいろあったものの、あっけなく不妊治療をやめて里親登録へと向かいましたが、不妊継続と養子縁組という選択肢の間で悩んでしまう方も多いでしょう。養子縁組へと進む前に、十分な休息や検討時間を必要とする方もいらっしゃるかもしれません。年齢的な問題がなく時間が十分にあれば、出産を経ずに親になることをしっかりと考えることをお勧めします。

児童相談所や民間機関、里親養親の支援団体のイベントや研修、講座などに参加して、情報を得て、検討するのも有効です（56～67頁を参考にしてください）。季節里親や週末里親、施設ボランティアをやって考えてみるのもよいかもしれません。不妊に悩んでしまう場合には、不妊経験者の当事者団体の力を借りることも検討してください。

私は不妊当事者による不妊当事者のための自助団体（セルフ・サポートグループ）であるＮＰＯ法人Ｆｉｎｅ（ファイン）の会員になっています。Ｆｉｎｅには不妊治療を受けている人や治療を中断している人、治療の末に妊娠・出産した人、夫婦２人の生活を選んだ人、養子を迎えた人、病気などで子どもが授からないのではと不安をもつ人など、さまざまなメンバーが参加しています。心理的知識と技術を学んだ不妊経験者のピア・カウンセラー(注)がカウンセリングを実施しており、養子縁組についても人生の選択肢の1つと考えてくださっているので、安心して相談することができます。以下、さらにくわしい活動内容についてはホームページをご覧ください。

【注】
「ピア・カウンセラー」の「ピア」は仲間という意味。

◆NPO法人Fine（ファイン）(http://j-fine.jp/)

〈おもな活動〉

• 情報提供やコミュニケーションを目的としたウェブサイトの運営・管理
• アンケート、署名活動、国会請願、要望書
• 不妊（治療）に関する知識や意識の向上を目的とした講演会、シンポジウム、勉強会等の開催
• 親睦会・交流会の開催

恒例行事となったFine祭りは、当事者のみならず、専門医やカウンセラー、不妊スペシャリスト、それを応援するサポーターなどが多く集まり、立場を超えて交流する大きなイベントになっています。

- 生殖心理カウンセラーによるカウンセリング
- ピア・カウンセラーによる電話相談／面接カウンセリング／グループカウンセリング等
- NPO法人FineSNS（ソーシャルネットワーキングサービス）の運営・管理

当事者を支援する団体はいろいろあります。ご自分に合った支援団体を見つけてください。

◆TEAMラ・ポルタ (http://www.peer-net9.jp/index.html)

TEAMラ・ポルタは、不妊ピア・カウンセリングを学び実践してきた不妊ピア・カウンセラー有志による不妊当事者支援グループ（チーム）です。不妊体験者のためのお話会、グループシェアリング（分かち合いの会）、不妊ピア・カウンセリング（個人相談）等の活動をしています。

◆一般社団法人MoLive（モリーヴ） (http://molive.biz/)

MoLive代表の永森咲希さんは、不妊治療を経て、子どものいない人生を歩いている家族相談士、不妊カウンセラーです（本書の45頁の記事もお読みください）。MoLiveでは、不妊治療されている方（治療をやめられない、なかなかあきらめられないという方、子どもをあきらめて心の揺れがある方など）、高齢出産をされる方などを支援するとともに、家族が不妊を理解し、関係が健全に保たれるための支援もしています。茶話会（分かち合い）の開催、当事者と家族向けのカウンセリング等の活動はMoLiveのホームページをご覧ください。

【流産・死産経験者のためのグリーフケア】

不妊治療を受けていた方に多いのは流産経験です。グリーフケアが必要な方もいらっしゃるかもしれません。

◆ＷＡＩＳ（お空の天使パパ&ママの会）（http://www.h4.dion.ne.jp/~wais.kt/）

妊娠初期から周産期、新生児期にお子さんを亡くされた方（お母さんとお父さん）の悲嘆（グリーフ）のケア・サポートの活動をしているセルフヘルプグループです。毎月、流産・死産・新生児死でお子さんを亡くされた方を対象としたお話会「天使の保護者会」を開催しています。

◆天使の保護者ルカの会　（http://plaza.umin.ac.jp/artemis/rcdnp/tenshi/）

聖路加国際大学看護実践開発研究センターが開催している流産・死産・新生児死亡などで子どもを亡くしたお母さん・お父さん、ご家族のための会です。お茶を飲みながらゆったりした雰囲気で自由に語っていただくお話会を開いています。

5 養子縁組希望者が検討するべき事項や課題

長年、里親制度と養子縁組を支援してこられた日本社会事業大学専門職大学院の宮島清先生は、「里親制度は、里親か子どもの片方だけがしあわせになるのではなく、双方がしあわせになる制度にしていかなければならない」とおっしゃっています。里親制度も養子縁組の法律も、子どもを望むすべての希望者に合う完全なものではなく、よりよいものにしていくための検討が続けられています。養親になることを考え始めた方々にも、子どもと一緒にしあわせになるために、よく検討するべき事項や課題があります。

(1) 最初から養子縁組の全容を知ることは難しい

昔に比べて、養子縁組に関するテレビや新聞での報道が増えています。報道内容は養親家庭に好意的ですが、養子縁組に興味をもった人にとって、限られた紙面や時間で提供された情報は断片的です。その断片的な情報が先入観となって、前に進めない夫婦もいるかもしれません。例えば養親の条件に関して「養親を希望する人は40歳以下でなければいけない」「共働きはダメ」など、どこかで耳にした内容で、あきらめてしまう人もいると思います。しかし、養親の条件は子どもの事情により違ってきますし、児童相談所、民間機関によっても違います。

養子縁組は一度に理解することが難しいものです。断片的な情報で養親になることをあきらめてしまう人は、養子縁組がその人にとっての選択肢ではなかっただけかもしれません。ですが、情報が不十分だったために検討する機会が失われてしまっては残念です。養子縁組という選択肢が気になり始めたら、情報が得られる場所に出向き、人に会って話を聞いてみてください。そうしているうちに順を追ってわかってくることも多く、そのプロセスで出会った人との交流や知識に助けられるようになります。

（2）不妊や流産経験を受け止められているか

不妊について心の整理ができており、流産死産の経験があるならば、喪失による傷が癒えていることが大事です。

（3）養子縁組希望者の年齢の問題

不妊治療を終える年齢が以前に比べて高くなり、養親を希望する夫婦の年齢も高くなっています。そのため、やっと治療を終えて養子縁組を検討しようと思い至っても、年齢がネックとなり、養親の条件から外れてしまう夫婦も多いと聞きました。

特別養子縁組で養親となる人は25歳以上でなければならないと法律で決められていますが（一方が25歳以上、もう一方が20歳以上であれば可）、年齢の上限は決められていません。国の「里親委託ガイドライン」では、「養子里親の年齢は、子どもが成人したときに概ね65歳以下となるような年齢が望ましい」とされています。ただ、里親委託ガイドラインは法律ではないので、養親の年齢制限をどう考えるかについては、児童相談所や民間機関に問い合わせる必要があります。

一律に「〇〇歳以上は不可」ということではなく、子どもとの年齢差で養親選びが検討されることもあるようです。例えば、児童相談所や民間機関が「養親と子どもとの年齢差は40歳くらいまで」と考えている場合、2歳の子どもの養親の年齢を42歳くらいまでとするなどです。

年齢制限は養親希望者にとって大きな問題です。養親縁組という家族のかたちがもっと知られるようになり、特別養子縁組の制度も周知され、子どものいない夫婦が早い段階で、養親になることを検討できるような時代がくることを願うばかりです。

2人目も欲しくなる

私は子育てが始まってから、2人目が欲しくなり、「もっと早く里親制度や養子縁組を知っていたら」と強く思ったことがありました。遊が幼稚園に入って、一区切りついた時、真剣に2人目を考えましたが、夫の返事は、「2人目のための体力が続かない」と率直なものでした。それに対して、「そんなことないよ、きっと大丈夫」とは言えない体力面の不安が私にもありました。

私に限らず、1人養子を迎えると、2人目も欲しくなる人がいます。養親仲間ともいまだに次のような会話をすることがあります。「あのつらい不妊治療を経験したからこそ、今があって、後悔はないいんだけれど、それにしても、もうちょっと早く治療を切り上げてもよかったんじゃない？　そうしたら、2人目を迎えることもできたよね（ガッカリ）」

子育てに残された時間は十分あるか

子どもを迎えたあと、少なくとも子どもが成人するまで体力がもつかは大事な検討事項です。養親が思春期の子どもと向き合うエネルギーは、一般家庭の数倍を要すると聞いたことがあります。さらに、日本では子どもが自立する時期が海外に比べて年齢的に遅めです。経済的な自立も年々難しくなっているという社会事情があり、親の体力と経済的な余裕はあるに越したことはありません。

（４）夫婦の足並みは合っているか

私たち夫婦の場合、足並みは最初、そろっていませんでした。私は十代の頃、アメリカに住んでいたことがあり、里親として子育てしている人が身近におり、里親委託されていた同年代の子どもと遊んだ経験がありました。また、お世話になったアメリカ人で、子どもが授からないとわかってすぐに、養子を迎えた人がいました。里親や養親がいる社会で暮らした経験が「アメリカでもそういう選択肢もあったな」と後押ししてくれました。

しかし、夫にとっては、里親や養親は未知の世界だったため、躊躇《ちゅうちょ》する気持ちが強くありました。首をかしげながらも、私に引きずられるように里親登録し、児童相談所から遊を紹介された時は、いよいよ深刻な表情になり、「よく考えたい」とだけ口から出ました。そしてしばらくして、私と残りの人生をともにすると決めたのだから、私と一緒に子育てをしていきたいと言ってくれたのでした。私は「子育てをしたいのだから、子どもを迎えたい」と単純に考えてどんどん進めていきたかったのですが、夫は「まず覚悟を決めるのが先」と考えました。

私たち夫婦のようなケースは望ましくなく、夫婦の足並みは里親申請時、また、民間機関の登録時にはそろっていなければなりません。

夫婦関係は良いか

不妊は夫婦間の問題をあぶり出します。例えば親族との関係、人生の価値観、経済計画など、なんとなくやりすごしてきたことに正面から向き合わざるを得なくなります。養子縁組についても同じです。もともと夫婦で抱えていた問題が、養親になることを考え始めたことによって、明らかになったというケースです。「今までどのような人生を歩んできたのか。どのような困難をどのように夫婦で乗り越えてきたのか、里親養親を希望する夫婦から聞きとりたい」とは里親を担当する行政関係者の言葉です。子どもの一生を里親養親に託す側としては、当然知りたい事柄でしょう。

家庭裁判所の審判により特別養子縁組が確定した時に、知り合いの養親は「これでいよいよダンナとは離婚できなくなった」と思ったそうです。

また、「子はかすがい」「家業のために跡継ぎが必要」「子どもがいれば老後も安心」と考えているのであれば、周囲を見回してみても私が知る限り、そんなに大人に都合よい子どものいる家庭はどこにも見当たりません。

(5) 親族は子育てを応援してくれるか

養子縁組を検討していると親族に伝えたら、反対されることもあるかもしれません。理由の

1つとして、子どものための養子縁組がどういうものかわからないということが考えられます。子育てに苦労するのではないかと心配したり、相続の問題が心配になるのかもしれません。

親族の理解がない場合は、子育てをするのは大変です。里親養親でなくても、実家との関係が悪くて子育てに協力してもらえない夫婦は、なにかあった時に孤立しやすくなるそうです。子どもにとっても、おじいちゃん、おばあちゃんにかわいがられる経験は大事です。養子縁組をよく説明し、子育てを強く望んでいる気持ちを伝えて、理解してもらうようにしましょう。里親制度や民間機関のパンフレットをうまく活用する手もあります。親族の理解は養親の子育てにはなくてはならないもので、養親を選ぶ側にとっては、大きなチェックポイントのようです。

(6) 子育て環境を切り開いていけるか

一般的に、日本が子育て中の親と子どもに優しい国だと考える人はあまりいないのではないでしょうか。マタニティ・ハラスメント、保育園の待機児童問題、ひとり親家庭の貧困といった大きな問題から、電車のなかでのベビーカー使用の是非、子どもの声が騒音に当たるかどうかの議論などの日常的な問題まで、子どもをめぐる問題には枚挙にいとまがありません。

児童相談所は子どもの虐待対応に忙しく、民間機関は生母支援に心を砕いています。子育てに困ったことがある時、どちらもできる範囲で応えてくれるとは思いますが、基本的には子育てに関する知識や環境やネットワークは自力で開拓していく必要があります。ある日突然に始まる子育ては、想定外の出来事の連続で体力が求められます。また、子どもに合わせられる柔軟で前向きな精神力も必要です。必要なものだらけですが、全部そろっていなくても、どこが弱点で、これからどれだけカバーできそうか事前に検討しておくとよいと思います。43頁に、「子育てのためのセーフティネット（安全網）を考える」ためのチェックリストを用意しました。あまり点数にこだわらず、参考にしていただけるとうれしいです。

（7）共働きの問題

平成27年、特別養子縁組を前提に子どもを迎えた夫婦が育児休業を取得できない現状を改めるため、厚生労働省の研究会が、法改正で育休を認めるべきだとする報告書をまとめました。厚生労働省は報告書をもとに、労働政策審議会での議論を経て、平成28年の通常国会に育児・介護休業法改正案を提出する方針です（平成27年7月末時点）。育児休業給付金は、平成26年1月から支給を受けられるようになりました。今までも、勤務先に特別養子縁組に対する理解があれば、育児休業は可能で、実際に育児休業を取りながら子育てしている養親はいました。今後は法律が整備されて、養親が仕事と子育てを両立しやすくなることが期待されます。

一方、共働きを認めるかどうかについては、児童相談所から迎える場合、地域によって、あるいは子どもの事情により考え方が異なります。以前に比べると、保育園の利用を認める児童相談所が増えていると感じますが、そもそも保育園に空きがなければ入園できず、待機児童問題で苦労する場合があります。

民間機関でもそれぞれ考え方が異なります。民間機関の場合は、児童相談所と比べると新生児・乳児の紹介が多く、子どもの誕生に合わせて養育スタンバイできる、子どもの紹介があったらすぐに養育を始められるなど、迅速かつ柔軟な対応を養親に求めることが多いようです。

このような現状ですので、共働きを望む場合は働き方を柔軟に変えることができるか、経済的なことも含めて検討してみる必要があります。また血縁の有無に関係ないことですが、子どもの健康問題などで、仕事を減らしたり、やめざるを得ない事情が出てこないとも限りません。

6　時間を経て、今、不妊経験に思うこと

私と子どもをつなぐ物語の存在

養親になることを強く望み、それが叶って始まった子育てでしたが、乳児の子育ては体力的に大変でした。病気にさせてはいけない、ケガをさせてはいけないという気負いから、遊から

一時も目が離すことができませんでした。今から思えば、表情も硬かったに違いません。遊に十分に笑顔を見せることができていたかも疑わしいです。

呆然としたのは、子どもの1日は変化に富んで、成長が目覚ましく、時間が過ぎていくスピードも速く、気がつくと遊を迎えてからあっという間に半年が過ぎていたことでした。たった半年間といえども、気持ちは浦島太郎です。遊のぷくぷくなほっぺた、むちむちとした関節、笑いかけると必ず笑い返してくれる口元は半年前と同じでも、心に焼き付けておきたかったようなもっと小さい遊の様子はすでに忘却の彼方でした。それがショックで、自分は子育てを堪能していないのではないか、二度とこない1日1日を楽しんでいないのではないかと思うこともありました。

また、私は子どもを迎えたその日から、「母として子どもが愛しくて仕方がない！」と、瞬時に遊に親子の絆を感じたわけではありませんでした。ですから当時は、意識して自分と遊をつなぐ物語を自分でつくって育んでいたように思います。例えば、私たち夫婦が養子縁組里親として認定された翌日に遊が誕生したこと、その誕生日が結婚記念日でもあった偶然を「出会うべく出会った運命」として考え、自分と遊をつなぐ糊《のり》のように大事にしていたのです。当時は周囲の人にもこの話をよくしており、「親子として出会う運命だったのですね」とか「ご縁の不思議ですね」という返事をもらっていました。物語を大切にし、人からも物語を共感的に聞いてもらうことで、不妊を経て今に至る経緯がゆっくりと腑に落ちていくような気持ちになりました。

物語を必要としていた自分に気がついたのは、ずいぶんあとになってからです。以前、遊を迎えて間もなく、遊と自分の小さな共通点や出会いの不思議を書いて、「これが自分と遊の親子のストーリーだ」と締めくくった文章をNPO法人Fineの会報誌に載せてもらったことがありました。それから数年後に文章を読みなおした時には、私は自分で物語をつくっていたことをすっかり忘れていました。家族として遊と一緒に過ごす日々を重ねて、家族の歴史が増えていくうちに、いつの間にか物語を卒業していたようです。

里親養親のみなさんも、「亡くなった父にそっくり」「亡くなった祖母が子どもと自分を引き合わせてくれたと思う」「こういう部分が自分と娘は似ている」「不思議なタイミングで巡り合った運命の子どもです」など、それぞれに大事にしている物語をもっていると思います。

これから子どもを迎えようとしている方も、「迎えたその日から深い愛情をもって子どもを育てなければいけない」と肩に力を入れなくても大丈夫です。家族の時間と歴史が自然に強い絆をつくってくれます。

不妊は卒業したのか

もう不妊をつらいと思うことはありませんが、今でも、「ああだった」「こうするべきだった」と不妊治療を振り返ることがあります。例えば、不妊治療を受けていた里親養親が婦人科系の病気になったと聞くと、治療との関連性が気になり、漠然とした不安がよぎります。不妊治療は卒業しても、治療を受けた事実は残るのだと自覚する瞬間です。また、普段まったく意識することはないのに、映画の登場人物が不妊を悲しんでいるシーンを観て、思いがけず涙してしまい、そういう自分に驚くということがありました。

子どもを迎えてからも、子どもの同級生の保護者との年齢ギャップ、小学校の生い立ちを学ぶ授業、性教育の授業など、さまざまなシーンで不妊が頭をもたげてくる機会はあります。思春期の子育てに行き詰って、「あの時、不妊治療をあきらめなければよかった」「こんなはずじゃなかった」と後悔が頭をかすめる人もいるようです。しかし、養親は不妊の思いで揺れ動いても、子育てがブレてはいけません。子どもは不妊を埋めてくれる魔法の杖ではないのです。

Column

子育てのためのセーフティネット（安全網）を考える

子育てで困ったことが起きたと想像してみましょう。相談できる人の顔や場所が思い浮かびますか。思い浮かぶ人や場所が多ければ多いほど、難しい状況を乗り越える力が強いといえます。また、経験や信念、同居する家族の協力なども問題を解決してくれる力として作用します。以下にリストしたのは家族の問題を乗り越えるための力がどれだか備わっているかをチェックするものです。Adoption Resources of Wisconsin という養子家庭をサポートするアメリカの非営利団体がつくったものを、日本の養育事情に合うように日本社会事業大学専門職大学院宮島ゼミで改変してあります。合計点数が高い人は問題を乗り越えていく力が強い人です。あくまでも目安ですので、点数が低くてもがっかりせず、何かの気づきにしていただけると幸いです。

1 いざという時に、子どもの世話をしてくれる人はいますか（1人につき2点）。
2 昼間に愚痴を聞いてくれる人はいますか（1人につき2点）。
3 時間に関係なく愚痴を聞いてくれる人はいますか（1人につき3点）。
4 困った時にすぐに連絡が取れる医療関係者や福祉関係者（ソーシャルワーカー）はいますか（1人につき3点）。
5 今、心から楽しめる趣味はありますか（5点）。
6 ストレスがたまってきたことを自覚できますか。ストレスに対処する方法はありますか。方法があれば10点。

7　パートナーと子育て観（特に子どもが問題を起こした時の対応）が近いなら10点。対立しているならマイナス10点。どちらともいえない場合は0点。

8　大切なことを見失わないと評価できる場合は10点。

9　楽天的で自分のことを笑い飛ばせるなら10点。

10　子育て経験がありますか（子ども1人につき1点）。

11　地域に小児専門病院や療育機関などはありますか（あるなら5点）。

12　問題が起きた場合、解決の手立てを探すことができますか（できるなら5点）。

13　親戚などの身内が里親制度（養子制度）を理解してくれている場合は10点。

合計して150点以上：セーフティネットが十分。そもそもセーフティネットは必要ないかもしれません。

100～150点：とりあえずセーフティネットはありますが、過信は禁物です。

75～100点：セーフティネットは十分とはいえません。

50～75点：問題が起きた時に困る可能性が高いです。

50点以下：問題が起きたら、綱渡り状態の生活になる危険性があります。

【参考文献】

A Series on Adoption and Foster Care Issues — The Safety Net: Building Support Before You Need It (Adoption Resources of Wisconsin)

〈特別寄稿①〉
「不妊治療後の夫婦2人の人生 雨が降らなければ、虹も出ない」――永森咲希

No rain, no rainbow.（雨が降らなければ、虹も出ない）

遠い昔に耳にしたことがあるような懐かしい響き。

最近、ある看護師の方から教えていただいた、「つらいことや悲しいことがあっても、それを乗り越えたらいいことがある」という意味のハワイのことわざです。

私はちょうど37歳になる頃からの6年間を不妊治療に費やしましたが、結局「わが子が欲しい」という望みが叶うことはありませんでした。子どもをあきらめ、今は夫と2人の人生を歩んでいますが、子どもを願いながら結果が伴わなかった不妊治療中を振り返ってみると、随分と雨量の多い時期だったように思います。

子どもを抱ける日がくることを信じて、妊娠に向けて全身全霊で歩いたその時間は、ありきたりな言葉かもしれませんが、長いトンネルを歩いているかのようでした。子どもができないとなるとますます子どもに固執し、何をさしおいても治療を優先し、少しでも妊娠に近づけるように努力しました。

治療が長引くと、「子どもを産めない女は女失格?」「人を育てない人間は人として失

格？」「夫は別の女性と一緒になったほうがしあわせだった？」「孫のいない人生を送ることになる両親にとって私はいい娘？」そんな風に、自分を価値のない者として否定する思いに駆られたこともありました。

悪戦苦闘するなか、治療5年目にして神様はようやく私のお腹にも小さな命を宿してくださいましたが、それも束の間。3ヵ月目で稽留流産と診断され、掻把《そうは》の手術を受ける結果となり、以来二度と私たちのところに赤ちゃんがやってくることはありませんでした。

子どもをあきらめた直後はなんとも言えない喪失感や空虚感に見舞われ、「なんで私だけが」とか「私なんて」と、落ち込みがちな日々が続いたものです。けれど私は、あることがきっかけで大事なことに気づかされ、自分の運命を甘んじて受け入れる覚悟を決めることができました。

大事なこと、それは私自身の命の尊さです

ひとりっ子かつ、ひとり娘の私は、両親には治療のことを話していたので、治療をやめたことも報告しに行きました。その時のことです。「あのね。私、もう治療、やめた」そう伝え、今まで見守ってきてくれたことに感謝し、「ごめんね。孫を……」そう言いかけた時、母が子どものように泣きじゃくりながら、「あなたがいてくれたらそれでいい」「あなたさえ元気でいてくれたら、私たちはそれで十分」と言いながら、感情のままに涙を流し続けたのです。あんな母を見たのははじめてでした。

その時、頭を殴られたような気持ちになりました。私も望まれて、心待ちにされてこの世に誕生したということを忘れていたんですね。自分のことを否定したり卑下したり、人生に意味を見出せなかったり……。私もほんのわずかでしたが、お腹に命を宿した経験があります。もしその子がこの世に生まれたにもかかわらず、私のように自分を卑下したとしたら、こんなに悲しいことはないなと。

このことが私を大きく変えてくれました。自分の人生を大事にし、納得した満足のいく人生を生きたい、そう思うようになりました。とはいえ、私のなかから不妊が消え去ったわけではありません。

不妊治療をやめたら、不妊は終わるのでしょうか。その答えは「ＮＯ（ノー）」ではないかと思います。子どもを持ちたいという平凡だと思っていた望みが叶わず、思い描いていた人生とは違う人生を生きるとしたら、その人生の再構築には時間やエネルギーが必要なはずです。そして、再構築した人生を明るく元気に生きていたとしても、ふとした局面で「自分には子どもがいない」という事実を突き付けられ、切なくなったり、悲しくなったりすることがあるかもしれません。周囲が当たり前のように経験する子どもとの暮らし、子どもの巣立ち、孫のいる人生、孫との時間が自分にはないわけですから、それも自然なことなのかもしれません。

私自身、やりたいと思うことも山のようにあり、夫婦で楽しく笑いの多い日々を過ごしていますが、何かの拍子に、忘れた頃に、胸の奥がきゅんとしてスイッチが入ることがあります。そのきっかけは、テレビのコマーシャルだったり、ドラマだったり、国民行事だったりとまちまちですが、なんだか無性に悲しくなり切なくなり、ぽんと穴に落ちるようなことがあるのです。ただ、それはほんの一時のこと。その穴から出てくる術《すべ》もちゃんと習得しています。

そんな時、私の場合は、無理をして鼓舞したりせず、ほんの一時でもありのままの感情を受け留め、その感情に寄り添ってやるようにしています。悲しみがこみ上げたら涙を流す。何もやる気がしなくなったら、やらない。人ともうまく交われそうもないと思ったら、交わらない。自分が自分の一番の味方であることを忘れないようにしています。夫も私のそんな傾向を把握していて、「おっ、今、その時期か」と言いながら、共にやり過ごしてくれています。時にぶつかり合いながらも、ともに不妊治療を乗り切ったまさに戦友のような関係になったからこその、「夫とのそんな今」があるのかもしれません。

最期を迎える時まで、人それぞれのやり方で、不妊と共に折り合いをつけながら生きていくことになるのだとしたら、不妊をおろそかにせず、大切に扱い、上手に付き合っていけたらいいなと思います。

別の意味で最近特に心ざわつくのが、いたいけな幼児の、純粋で爛漫《らんまん》な笑顔と命を奪う残酷な虐待。そんなニュースを見たり聞いたりするたびに、胸が締め付けられます。そして、子どもに恵まれず苦しむ夫婦が増える一方、信じがたい状態で命を落としていく幼子も増えている今の日本社会のアンバランスさに、やるせない思いが募ります。信じたかった、愛して欲しかった親から虐待を受けながら息絶えていった子どもたちは、最後どんな思いだったでしょう。どれだけ怖くて、苦しくて、悲しかっただろうと思うと、わが子を切望した私たち夫婦にとって耐えがたく、涙がとまらなくなります。

わずかな時間とはいえお腹にわが子を宿し、将来共に生きていくことを現実的に考えたその時間は、私のなかの母性をより強くしたのかもしれません。治療をやめたあと、子どもを産むこと以上に、育てていくこと、子どもと共に生きていくことへ心が傾いていきました。

その頃、父が私に1枚の年賀状を見せました。可愛らしい男の子と女の子が2人、はちきれんばかりの笑顔で笑っている写真が一面に印刷された年賀状でした。

「可愛いだろ？　この子たちは兄妹だけど、この葉書の送り主の本当の子どもじゃないんだ」「家族は血のつながりだけじゃないんじゃないか？　君たち夫婦も赤の他人だ。血のつながりはないけど、家族じゃないか」その時の父の言葉で私は、家族は自然にできるものではなく、つくっていくものだということをあらためて感じたのです。

それをきっかけに私たち夫婦は、児童相談所に相談に行ったり、実際体験した方々の話をうかがったりしながら、養子について検討を始めました。ただ、日々気持ちが揺れるようになってしまったんです。

「私たちは養子を迎え入れる運命なんだわ。そのためにこうして遠回りをしたのね。私たちなら育てられる。大丈夫」そう前向きに考えられる日もあれば、「子どもが思春期になる頃、私たちは60歳を過ぎてしまう。自分の子どもでも大変なのに、自分たちの子どもじゃなくて大丈夫かしら……」そんな風に。すでに44歳になっていた私は、考えれば考えるほど少しずつ純粋な気持ちと勇気を失っていき、結局、養子縁組もあきらめる結果になりました。

もっと早い段階から養子縁組の情報に触れたり考えたりする時間をもっていたら、違う流れもあったかもしれません。当初は「自分の子じゃないと……」と思っていたとしても、どこかのタイミングで、気持ちが変わるかもしれませんから。

虐待の悲しいニュースが飛び込んでくると、「なぜ、うちにきてくれなかったの？」と思わずにはいられません。あきらめたはずなのに、それでもまだ、心は時々疼《うず》きます。どこかで私たち夫婦を待っている子がいるのではないかと。

不妊治療を卒業した私たち夫婦は、そんなことを考えながら、そして私は時々穴に落ちながら、虹のかかった空の下、手をつないで歩いています。手をつなげているのは、ともにびしょ濡れになったり、一緒に雨宿りしたり、ひとつの傘の下に寄り添ったりしながら、たくさんの雨をいつも一緒に経験してきたからかもしれません。

No rain, no rainbow.
大事にしたい言葉です。

永森さんの経験をもっと知りたい方は永森さんのご著書をぜひお読みください。6年間の不妊治療が実らず、子どもをあきらめざるを得ないという現実を経て、自分を大切に生きることの尊さを知った永森さんの体験記です。自分を受容し、大切に生きるこ

三色のキャラメル
不妊と向き合ったからこそわかったこと
永森咲希●著
文芸社

とを決意した経緯や心情が丁寧に書かれています。

また、ＮＰＯ法人Ｆｉｎｅ理事長の松本亜樹子さんが『不妊治療のやめどき（仮）』というご著書をＷＡＶＥ出版より、平成28年1月に出版される予定です。妊活コーチである松本さんが問いかける、不妊治療とハッピーゴールとは？　16人の不妊体験談と医師など専門家からのアドバイスも掲載されています。こちらもぜひお読みください。

第2章

養親になることを検討するための情報収集

テレビや新聞の報道により特別養子縁組が家庭を必要とする子どものためにあるということや、子どもと養親が法律に守られてしあわせに暮らしている様子が伝えられる機会が増えています。かつては「血縁がないことを人に知られたくない」と当事者がひた隠しにすることが多かった養子縁組が肯定的に伝わるようになり、「子どもを迎えてこんなにしあわせになりました」とインターネットで発信する養親さんも増えました。養親による情報発信の他にも、自治体や里親を支援する機関、里親会、養子縁組をあっせんする民間機関など、さまざまな立場から特別養子縁組に関する情報が発信されています。

第2章ではまず、児童相談所から子どもを迎える場合と、民間機関から子どもを迎える場合では、何がどう違うのか説明したうえで、情報の収集について説明します。

1 「児童相談所から子どもを迎える」と「民間機関から子どもを迎える」何がどう違う？

(1) 法律に基づいて子どもを里親委託する児童相談所

里親制度は児童福祉法という法律に基づいて都道府県が運用しており、都道府県に配置されている児童相談所が家庭を必要としている子どもを里親に委託しています。里親としてのあるべき姿は「里親が行う養育に関する最低基準」「里親委託ガイドライン」「里親及びファミリーホーム養育指針」などで示されています。

里親委託の費用は税金で賄われています。里親登録に費用はかからず、申請者が支払うのは児童相談所や研修会場への交通費などの実費です。また、委託中は、養子縁組里親に子どもの生活費が支払われます。

(2) 民間ならではのフットワークで生母支援に取り組む民間機関

民間機関による養子縁組のあっせんは、各民間機関が掲げる理念に基づき、独自に取り組まれています。したがって、養親の条件や登録から子どもを迎えるまでの流れは民間機関によって異なります。養子縁組あっせん事業を行う民間機関は、都道府県に第二種社会福祉事業の届け出をする決まりになっています。

児童相談所がおもに、すでにこの世に誕生している子どもに関する相談を受けたり、支援をしているのに対し、民間機関は、予期せぬ妊娠に悩む女性(カップル)へのサポートと生まれてくる子どもの命を守ることに力を注いでいるという特色があります。児童相談所がこの部分をサポートしていないわけではないのですが、児童虐待の対応に追われているので、妊娠相談まで十分に手が回らない現状があります。そのため最近では、児童相談所が生母への支援と養親探しの部分で民間機関と連携する例も非常にわずかながら出てきました。

本書の執筆段階では、民間機関の養子縁組あっせんに国が補助金を出す仕組みができていません。妊娠に悩む妊婦や養育困難に直面している生母から相談を受けると、民間機関のスタッフはどんなに遠くても会いに行きます（相談者が面会を望む場合）。民間機関には児童相談所のような管轄地域というものがないからです。また、民間機関は妊娠相談から出産支援、養親探し、生母の自立支援まで広範囲かつ責任の重い支援活動を自力で行っています。そのため、養親に子どもを託すまでのオムツ代、ミルク代、ベビーシッター代などを養親が負担することが必要になってきます。民間機関から子どもを迎えることを検討する場合、この点について理解をしておく必要があります。

2 インターネットで情報を得てから行動を起こす

（1）里親制度の情報収集

里親制度を調べる場合は、まず、お住まいの都道府県の行政機関のサイトで調べます。例えば、「○○県　里親制度」などで検索すると、○○県の公式サイトがヒットして、里親制度の紹介や登録までの流れを知ることができます。ここで目を通しておきたいのは、以下の情報です。

＊里親申請をする児童相談所

お住まいの市区町村を管轄する児童相談所で里親申請をします。サイトに担当管轄一覧表が掲載されていて、一目でどこの児童相談所に連絡をしたらいいかわかる場合と、そうでない場合があります。連絡をする児童相談所がどこかわからなければ、サイトに掲載してある問い合わせ先に電話をすれば教えてもらえます。

＊里親認定基準

里親の認定基準を掲載している都道府県があります。例えば、東京都のサイトには里親認定基準が掲載されており、養子縁組を希望する「里親申込者は、原則として25歳以上50歳未満であり、婚姻していること」と書かれています。

＊里親講座や体験発表会などのイベント

里親制度に関心がある人向けの里親講座や里親による体験発表会などのイベントが告知されていることがあります。広く一般に参加を呼びかけていることが多く、気軽に参加することができます。参加したからといって、里親申請しなければならないというわけではありません。

実際に子どもを育てている里親の体験を聞くことにより、里親養育のイメージが具体的になります。また、同じ場に児童相談所の担当者が同席して、里親制度を説明することが多く、その場で不明点を質問することができます。さらに、里親との交流の場を設けていることもあり、子育てについて直接、話を聞けるチャンスでもあります。

＊里親会の情報

里親会のサイトを紹介していることがあります。紹介がなくても、「○○県　里親会」などのキーワードでサイトを探すことができます。里親会のサイトで、一般公開しているイベントや地域の里親会の活動の様子を知ることができます。また、問い合わせ用のメールアドレスが掲載されていれば、地域の養子縁組里親にどれだけ子どもが委託されているかなどの現状を聞くことができます。里親サロンに参加してみることが可能か、地域の養子縁組里親を紹介してもらうことができるかも聞いてみることができるでしょう。

＊ＤＶＤの貸し出し

里親制度を紹介したＤＶＤを制作している自治体があり、里親講座や体験発表会などの場で上映されることがあります。ＤＶＤを貸し出してくれる児童相談所もあるので、イベントに参加することが難しければ、問い合わせてみてはいかがでしょうか。

（２）民間機関の情報収集

民間機関によってサイトに掲載されている内容や情報量が異なります。細かい条件は、直接問い合わせたり、説明会や面接の場で確認する必要がありますが、サイトで確認しておきたいのは以下のような情報です。

- 設立の趣旨と理念
- 登録までの流れ
- 年齢制限などの養親希望者の条件
- 説明会やイベントの日程

（３）公益社団法人 家庭養護促進協会（神戸事務所・大阪事務所）の養親講座

家庭養護促進協会は、児童相談所から依頼を受けて家庭を必要とする子どもたちの里親を探す「愛の手運動」を行っている社会福祉団体で、神戸と大阪に事務所があります。「愛の手運動」を通して子どもを迎える場合には里親登録が必要です。家庭養護促進協会のサイトにも里親制度の紹介をはじめ、養子縁組希望者のための講座の案内が掲載されています（日程が掲載されていなくても開催されているので、直接、お問い合わせください）。

家庭養護促進協会の養親講座は、養親になることを検討している人が里親登録前でも参加できる貴重な講座です。真剣な気持ちで検討を始めた方に、ぜひ参加していただきたいと思います。

◆神戸事務所の「養子を育てたい人のための講座」

養子を育てたい人、制度や手続きについて知りたい人、不妊治療中の方などを対象に講座が年に3回、開かれています。次に紹介するのは、平成27年の6月に開催された時の内容です。

＊プログラム（13時〜16時）

1日目　親と暮らせない子どもたちについて
　　ドキュメンタリーフィルムの上映
　　グループでの意見交換

2日目　「養子を育てて」～養親の子育て体験談～
　グループ討議
　養子を育てることの実際
　養親として考えておくことが望ましいこと、真実告知について
　養子制度の説明
　相談窓口や手続きについて
＊定員　夫婦15組（お1人でも参加可）
＊資料代・お茶代等　1人3000円（夫婦の場合5000円）

◆大阪事務所の「養子を育てたい夫婦のための連続講座」（以降、連続講座）年に3回、連続3週受講を1セットとして実施されています（1回3時間半～4時間）。開催スケジュールは大阪事務所にお問い合わせください。
養子を育てることを希望する夫婦が対象です。どちらか一方でも参加できますが、夫婦そろっての受講が望ましいです。受講料は3回で1万円（夫婦そろっての参加ですも、どちらか一方の参加でも同額）。1回のみ受講の場合は3500円。毎回、20組ほどの夫婦が参加しています。

私の連続講座への参加体験

もうかなり昔の話になってしまいましたが、私も里親登録の申請中に、大阪事務所の連続講座の第1週だけに参加したことがあります。当時は今と違って、里親になるための研修制度が十分ではなく、里親養親の世界についてよく知らないまま参加しました。参加者がグループで輪になり、与えられたテーマで語り合う場では、自らの不妊経験に触れる人もいました。涙を流しながら人の話を聞いていた人もいました。私が強く印象に残ったのは、ある参加者が、大きな深呼吸をしたあとに、「いろいろ体験して、悩み、ようやく連続講座の第1週の今日を迎えることができました」としみじみとした表情で話された人でした。すでに覚悟を決めておられる様子が伝わりました。

グループでの話し合いのあとにはロールプレイをしましたが、そこではじめて具体的に「養親には何が必要とされているか」を知ることができました。子育てしたい情熱だけでは務まらない現実を知ること、年齢相応以上の体力が必要なこと、子どもをあるがままに受け入れる包容力、子どもの自分のルーツを知る権利の尊重など、短い時間で多くの情報を得たことにすっかり頭が疲れてしまいました。数日後にやっと疲れから回復して、改めて自分の覚悟が足りなかったことを理解しました。そして、養親になりたいという気持ちに変わりがないということも確認しました。

今から5年前には、オブザーバーとして、連続講座の第1週に再び参加する機会がありました。その時は泣いている参加者は見られず、会場の雰囲気も明るかったです。また、不妊クリニックの看護師や里親を支援する機関の方がオブザーバー参加しており、私が以前参加した時から数年しか経っていないのに、養子縁組に対する意識や見方が良い意味で変わってきたように感じました。

次に紹介するのは、連続講座の内容です。

第1週

- 円状に並べられたいすに夫婦離れて座ります。隣に座っている人とペアを組み、相手にインタビューしたあと、隣の人について参加者に他己紹介をします。
- 男女グループに分かれ、ディスカッションをし、その結果を発表します。
- ロールプレイ……「子どもへの真実告知」「近隣・親族への対応」「子どもの思春期」などをテーマに、ロールプレイを行います。

第2週

- 養親の体験談……子どもを養子として迎えて1～2年の夫婦に講師となってもらい、職員によるインタビュー形式で話を聞きます。

- 養子縁組について……養子縁組の法律についての説明と、養子縁組前提の子どもを迎え、養子縁組を経て、入籍を済ませるまでのプロセスについて詳細を説明します。参考図書として『親子への道標』（68頁参照）使用。

第3週

- 協会の岩崎美枝子さんによる講義……子どもとの出会い、施設での実習、家庭に迎え入れてから子どもがどのような行動を起こすのかについて説明します。子どもの過食や赤ちゃん返りなどの写真のスライドを見せて、より具体的に引き取ってからの暮らしを想像してもらうようにしています。

家庭養護促進協会の愛の手運動

家庭養護促進協会は神戸と大阪に事務所があり、それぞれ1960年と1964年の設立以来、子どもの里親探しをしてきた歴史ある社会福祉団体です。家庭養護促進協会では、児童相談所の依頼を受けて、子どもたちの里親を探す「愛の手運動」を行ってます。里親を探す方法として、神戸事務所の場合は神戸新聞社（月曜日朝刊）とラジオ関西（日曜日）の協力を得て、大阪事務所の場合は毎日新聞社の協力を得て（大阪版日曜朝刊の他、奈良、京都、滋賀、和歌山版）、「あなたの愛の手を」のコーナーで家庭を必要とする子どもを紹介しています。

コーナーで紹介された特定の子どもの里親になるためには希望者が自分の居住地域で里親登録することが必要です。その子どもの里親になることを希望する旨を協会に申し出て面接や家庭訪問調査を経て、里親候補になると、子どもと面会し、施設で交流を重ねたうえで、子どもを家庭に迎えます。

愛の手の子どもたちの多くは養子縁組が必要な子どもたちです。平成26年度末までに神戸事務所の活動をとおして、養子縁組が完了した子どもは６８６名、大阪事務所の活動では１０７２名です。

愛の手運動のほかに、神戸事務所では季節里親や週末里親、大阪事務所では週末里親を募る事業をしています。

公益社団法人 家庭養護促進協会 神戸事務所　連絡先
〒650-0016　兵庫県神戸市中央区橘通3-4-1
神戸市総合福祉センター2階
TEL：078-341-5046　FAX：078-341-1096
ホームページ：http://ainote.main.jp/wp/
mail：ainote@kjd.biglobe.ne.jp

公益社団法人 家庭養護促進協会 大阪事務所　連絡先
〒543-0021　大阪府大阪市天王寺区東高津町12-10
大阪市立社会福祉センター210号室
TEL：06-6762-5239　FAX：06-6762-8597
ホームページ：http://homepage2.nifty.com/fureai-osaka/
mail：fureai-osaka@nifty.com

68～69頁に紹介したように里親制度や養子縁組に関する多くの書籍も発行しています。

（4）日本財団ハッピーゆりかごプロジェクト（http://happy-yurikago.net/）

4月4日を養子の日として、毎年、養子縁組への理解を深めてもらう周知啓発イベントを行っています。平成27年度は4月4日、5日の2日間にわたって、「すべてのいのちに愛のある家庭を～4月4日養子（ようし）の日キャンペーン～」が開催され、4つの民間機関が取り組みについて発表し、養子縁組をした家族4組からも体験談発表がありました。日程は日本財団にお問い合わせください。

（5）一般社団法人 全国養子縁組団体協議会

（http://www.adoption.or.jp/index.html）

毎年4月に養子縁組団体フォーラムを開催しています。平成27年度は、複数の民間機関の取り組みが紹介されるとともに、養親家族からの体験発表もありまし

4月4日養子の日キャンペーンの様子

養子縁組団体フォーラムの様子

た。また、機関ごとに個別相談が受けられる時間を設け、養子縁組に関心のある多数のカップルが参加しました。日程は全国養子縁組団体協議会にお問い合わせください。

(６) その他

里親養親さんが日常を綴ったブログも参考になります。ブログやＳＮＳでの出会いをきっかけに実際に会ってお話を聞く機会もあるかもしれません。私も里親認定される前に、ある里親が運営していたサイトで地元の里親に出会い、地元の里親委託の現状を知ることができました。

３　書　籍

このようにインターネットだけでもかなりの情報を集めて、人に出会い、話を聞くことができますが、情報が断片的になりがちです。書籍は情報が整理されているので、知りたいテーマがあれば、書籍のほうがよいかもしれません。

また、民間機関が発行している資料やパンフレットで充実したものがあります。実際に説明会などに出向かないと入手できないかもしれませんが、民間機関の考え方や登録方法などを知ることができます。以下、家庭養護促進協会から出ている本を中心に紹介します。

■真実告知やルーツ探しに関する書籍

真実告知ハンドブック
里親・養親が子どもに話すために

家庭養護促進協会
神戸事務所

ルーツを探る

家庭養護促進協会
大阪事務所

うちあける
真実告知事例集

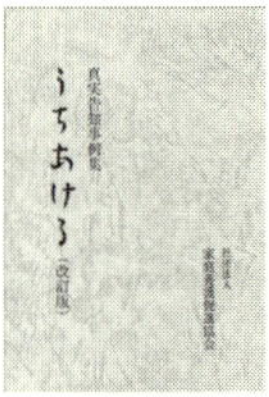

家庭養護促進協会
大阪事務所

大人になった養子たちからのメッセージ

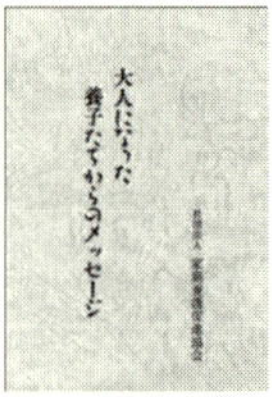

家庭養護促進協会
大阪事務所

■養子縁組の手続きに関する書籍

親子への道標
特別・普通養子縁組についての法律と手続き

家庭養護促進協会
大阪事務所

子どもの養子縁組ガイドブック
特別養子縁組・普通養子縁組の法律と手続き

家庭養護促進協会
大阪事務所●編集
岩﨑美枝子●監修
明石書店

■その他

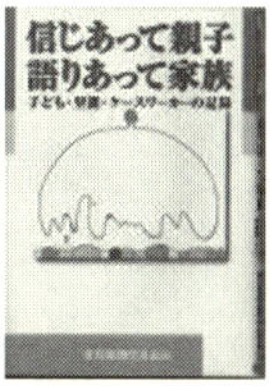

家庭養護促進協会
神戸事務所

信じあって親子　語りあって家族

子ども・里親・ケースワーカーの記録

家庭養護促進協会
神戸事務所●編集

里親・養子を理解するための本

里親と養子に関する書籍や絵本が1冊の小冊子にまとめられています。家庭養護促進協会神戸事務所のサイトからＰＤＦファイルをダウンロードすることができます。

家庭養護促進協会●編集
明石書店

あしたから家族

あたらしいふれあい第４編

家庭養護促進協会大阪事務所から発行されているニューズレターをまとめたものです。

武田 建・米沢普子●著
ミネルヴァ書房

里親のための　ペアレントトレーニング

里親養育の実際とコーチング理論による子育てがわかる本です。

第3章

養親になる道のり

本章では、「児童相談所から子どもを迎える方法」と「民間機関から迎える方法」の2つについて、よりくわしく養親の体験談と合わせて説明します。

●――児童相談所から子どもを迎える（里親制度の養子縁組里親）

1 申請から認定まで

（1）私の経験

里親制度について児童相談所に問い合わせの電話をかける時の私の気持ちは「一歩踏み出して、後戻りできなかったらどうしよう」というものでした。それまでの児童相談所に対するイメージは、テレビカメラの前で職員が頭を下げているイメージしかありませんでした。近寄りがたく敷居が高く、その敷居を一旦またいだら、引き返せないのではないかという不安がありました。

電話に対応してくれたのは、偶然にも私の住んでいる地域を担当する児童福祉司さんでした。そして、「里親制度についてお話をうかがいたいのですが……」と切り出したところ、思いがけず「里親制度に興味をもってくださり、ありがとうございます」と言われて拍子抜けしました。児童相談所からなぜ自分がお礼を言われるのかわかりませんでした。そして、その電話で予約を取り、後日2時間ほどしっかりと児童福祉司さんから話をうかがうことができました。さらにそのあと、夫婦で話し合って正式に里親申請したい旨を児童福祉司さんに伝えました。里親として適格かどうかを審査する児童福祉審議会の日程が近かったために、急いで申請書を提出し、家庭訪問を受け、とんとん拍子で里親認定されました。

(2) 里親申請の問い合わせ

里親申請についての問い合わせ先は児童相談所です。認定までの流れと手続きについて確認しましょう。里親は家族単位や夫婦単位ではなく、個人単位で審査されます。

養子縁組をしない養育里親は、里親として認定される前に里親研修（基礎研修・認定前研修）を受けなければなりませんが、養子縁組里親には里親研修が義務化されていません。里親制度は都道府県ごとに運用が異なるので、自治体によっては、養子縁組里親も里親研修を受ける必要があります。里親研修の受講が必要な場合は、研修のスケジュールについても問い合わせましょう。養子縁組里親の申請と登録は養育里親に準じて行われます。

図1　里親申請から認定までの流れ

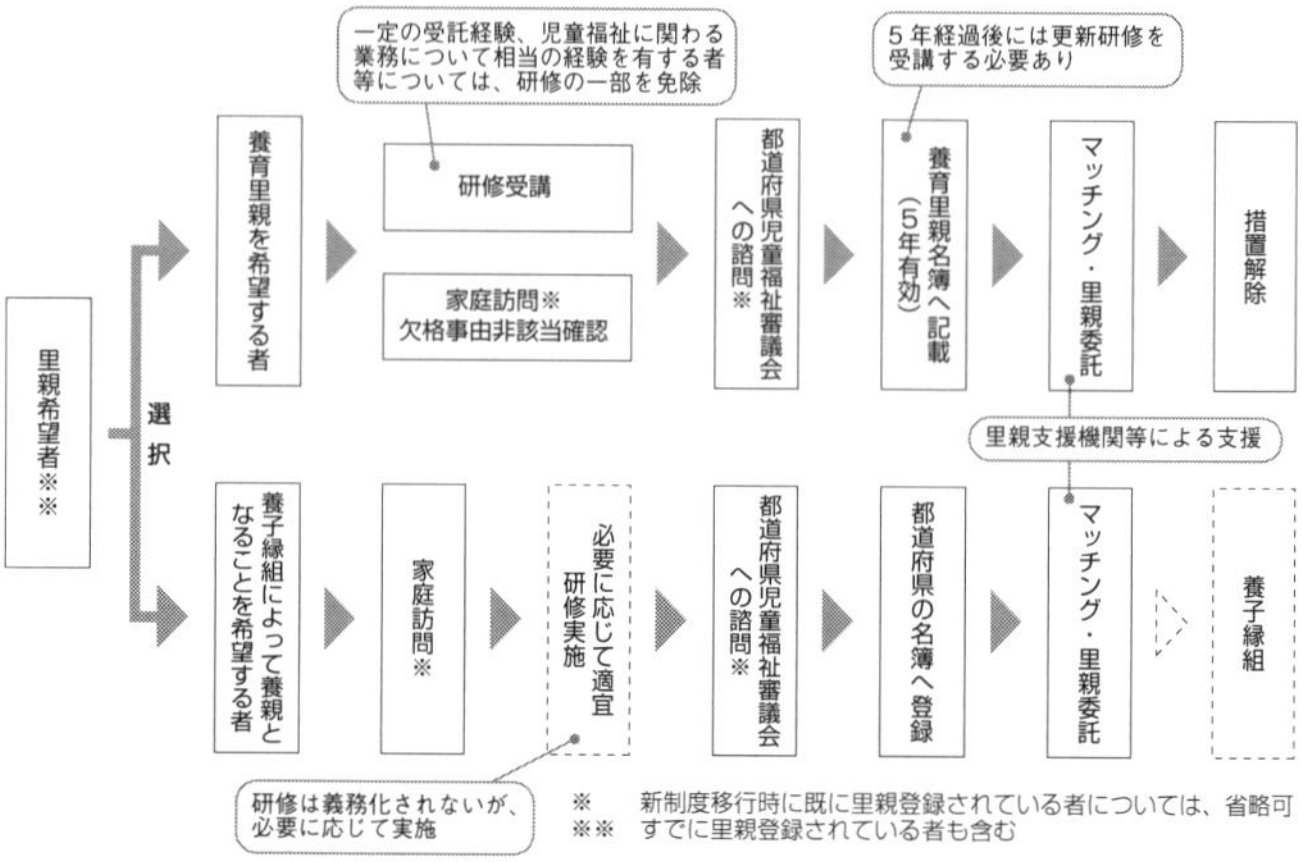

出典：厚生労働省、2009年を一部修正

里親の区分

里親の区分をどう考えるかは自治体によって異なります。

- 養育里親と養子縁組里親の区分をはっきりと分けている自治体では、養子縁組希望者は養子縁組里親として申請することになります
- 申請者が養育里親として登録することを求める自治体もあります（この場合も養子縁組を希望できます）
- 養子縁組を希望しているけれど、養育里親でもよいという場合は養育里親として登録することを勧める自治体もあります
- 養育里親と養子縁組里親の両方で登録できる自治体もあります

（３）養子縁組里親として認定されるための条件

養子縁組里親として認定されるための条件には次の４つがあります。その他、自治体によって、里親研修を修了することが条件となります。

- 要保護児童の養育についての理解及び熱意並びに児童に対する豊かな愛情を有していること
- 経済的に困窮していないこと
- 里親本人、またはその同居人が欠格事由に該当していないこと
- 養子縁組によって養親となることを希望する者であること

欠格事由

欠格事由には次のものがあります。

- 成年被後見人、または被保佐人（同居人にあっては除く。）
- 禁錮以上の刑に処せられ、その執行を終わり、または執行を受けることがなくなるまでの者

- 児童福祉法、児童買春、児童ポルノに係る行為等の規制及び処罰並びに児童の保護等に関する法律、その他、国民の福祉に関する法律で政令で定めるものの規定により罰金の刑に処せられ、その執行を終わり、または執行を受けることがなくなるまでの者
- 児童虐待の防止等に関する法律第二条に規定する児童虐待、または被措置児童等虐待を行った者、その他、児童の福祉に関し著しく不適当な行為をした者

児童相談所は、申請者が居住する市区町村に対して、犯罪歴を証明する書類の提出を依頼するなどの方法で、欠格事由を確認しています。

稀《まれ》に、子どもが委託されて親子の絆もできた頃になって、里親の欠格事由が明らかになり、子どもが里親家庭から離されることがあります。せっかく新しい家族に出会えた子どもが再び家族を失うことになり、心身への影響は甚大です。申請者は欠格事由を甘くみてはいけません。

(4) 里親研修

(2)で説明したように、里親研修には基礎研修と認定前研修の2種類があります。お住まいの自治体が養子縁組里親にどのような研修の受講を求めているか、確認しましょう。

基礎研修は、里親制度の意義と役割を理解し、要保護児童が置かれている状況を理解するこ

となどを目的としています。研修期間は、講義が1日、施設見学が1日です。認定前研修は、基礎研修を修了した申請者が受講します。子どもを養育するために必要な知識と子どもの状況に応じた養育技術を身につけることを目的としています。原則として、2日間の講義を受講し、さらに2日間の養育実習を行います。

自治体のなかには、子どもの発達について特に力を入れて講義を行っているところがあり、それが子育てに役立ったと養子縁組里親さんから聞いています。実子・養子に関係なく、子どもの発達はどの養育者にとっても大きな関心事です。

表1　基礎研修カリキュラム例

1	里親制度の基礎Ⅰ
2	保護を要する子どもの理解について
3	地域における子育て支援サービス
4	先輩里親体験談およびグループ討議
実習	児童福祉施設見学など

表2　認定前研修カリキュラム例

1	里親制度の基礎Ⅱ（里親が行う養育に関する最低基準）
2	里親養育の基本
3	子どもの心（子どもの発達と委託後の適応）
4	子どもの身体（乳幼児健診、予防接種、歯科、栄養）
5	関係機関との連携（児童相談所、学校、医療機関）
6	里親養育上のさまざまな問題
7	子どもの権利擁護と事故防止
8	里親会活動
9	先輩里親体験談およびグループ討議
実習	（児童福祉施設や里親家庭で）

認定前研修の養育実習は乳児院や児童養護施設で行われます（注）。小さな子どもと接することが少ない人にとって、子どもと触れ合ういい機会ですし、社会的養護を受けている子どもたちの環境を知る貴重な機会です。養育実習がきっかけとなり、施設ボランティアとして手をあげた方も私の周囲にいらっしゃいます。

【注】
乳児院ではおもに0～2歳の乳幼児が、児童養護施設ではおもに3～18歳の子どもたちが集団生活を送っています。

(5) 申請書の作成

申請用紙に記入する内容

- 氏名、住所、性別、健康状態、職業
- 同居家族の氏名、性別、生年月日、健康状態、職業
- 里親研修の受講が必要な場合、研修を修了した年月日または修了する見込みの年月日
- 希望理由
- 1年以内の期間を定めて要保護児童を養育することを希望する場合にはその旨

- 以前に里親であったことがある者はその旨、および他の都道府県において里親であった場合には当該都道府県名
- その他、都道府県知事が必要と認める事項

申請書に添付する書類

- 申請者と同居人の履歴書
- 申請者の居住する家屋の平面図
- 里親研修の受講が必要な場合、里親研修を修了したこと、または修了する見込みであることを証する書類
- 申請者と同居人が欠格事由に該当しないことを証明する書類など（誓約書を含む）
- 健康診断書、経済状態を確認するための書類
- その他、都道府県知事が必要と認めるもの

（6）児童相談所の家庭訪問

里親申請中に児童相談所の家庭訪問があります。私の時には、児童福祉司さんから、志望動機、育った家庭環境、学歴や職歴、結婚までの経緯、趣味、親兄弟、現在の職業などについて

聞かれました。

根掘り葉掘り聞かれますが、児童相談所は、安心して子どもの一生を預けられる申請者かどうか、児童福祉審議会で判断してもらうための材料を集めなければなりません。不妊治療の経験があれば、不妊の理由やどのような治療を受けていたのかについてもくわしく聞かれるでしょう。非常にプライベートな内容ですが、子どもが授からなかったことが里親申請の動機になっていれば、そのまま率直に話せばいいと思います。児童相談所も養子縁組を希望する申請者に不妊経験者が多いのは知っており、話を聞きなれていることが多いです。

委託に関する希望

子どもの年齢、性別、国籍などについて希望があるかどうか聞かれます。希望があることは悪いことではありませんが、希望が多すぎるのは考えものです。児童相談所でも民間機関でも、「子ども（の事情）に合った養親」に子どもを託したいと考えているので、「ウチに合った子ども」を希望する場合は考え直したほうがいいでしょう。

また、養子縁組を希望する人が「養子縁組できる子」という言葉を使っているのを聞くことがあります。例えば、「乳児院で暮らしている子どもたちのうち、養子縁組できる子はどれだけいるんでしょうか？」というように使われています。しかし、養子縁組里親に委託される子どもたちは、「養子縁組ができる子」ではなく、「養子縁組が必要な子ども」です。つまり、養子縁組により、養親との間に法律的に安定した親子関係を結ぶことが必要な子どもなのです。

(7) 児童福祉審議会による審査と認定

里親研修を受講し、家庭訪問による調査が終わると、児童福祉審議会で里親としての適否が審査されます。そして児童福祉審議会の審査意見に基づき、知事が里親として適当と認めた申請者が里親として認定・登録されます。

ある年度に開催された３つの自治体の児童福祉審議会の審議結果をネットで調べたところ、里親として不適当とされた申請者はいずれも０名でした。だからといって申請者が全員合格になったというわけではなく、審議会の前に児童相談所からやんわりと「里親としての認定は難しい」と伝えられて、申請を取りやめる人もいるそうです。

2　認定後から子どもの委託打診まで

(1) 委託の打診までどれくらい待つのか

「意を決して里親登録したのに子どもが一向に紹介されない」「里親委託しないなら、なぜ里親を募集するのか？」こんな不満な声が子どもを待つ未委託里親から聞こえてきます。残念ながら、里親登録した人すべてに児童相談所から委託の打診があるわけではありません。次のような事情が重なって、里親委託が進んでいない場合があります。

- 児童相談所が子どもの虐待対応に追われており、里親委託まで手が回っていない。例えば、子どもの虐待に関する通報があれば、命にかかわることなので児童相談所は一刻も早く駆けつけて、子どもの安否を確認しなければなりません。一方、子どもを里親委託するためには、施設で生活する子どもであれば、施設での様子や生活ぶりを把握し、子どもの親の意向を確認し、子どもを里親委託するための検討会議を開き、どの里親が適任であるか検討したうえで、里親に打診します。その後も里親宅に家庭訪問に出向き、意志を確認し、子どもとの面会日を調整する……という作業が延々と続きます。多くの人がかかわっており、多くの時間が必要であり、どの工程も丁寧に検討を重ねながら進めていく必要があるのに、里親委託を進めるための時間が十分にないのです。
- もともと自治体に里親委託への熱意がない。「里親になってください」と広報活動はしていても、実は委託する気があまりないのではないかと思わざるを得ない地域があります。

- 子どもの親が養子縁組に同意しない。平成26年度『国内外における養子縁組の現状と子どものウエルビーイングを考慮したその実践手続きのあり方に関する研究』の調査では、平成25年度に養子縁組を前提とした里親委託が適当と判断しながらも、生みの親の同意などの問題で委託にならなかったケースがあった児童相談所は１９７ヵ所中44ヵ所（22・3％）でした。
- 子どもが心身に大きな傷を抱えており、特別なケアを必要とするため、里親では養育が難しいと児童相談所が考えている。
- 里親側の事情として、子どもに対する要望が多い里親は子どもと出会いにくい傾向があります。長期間待つうちに、あきらめて生活を変えてしまったり、転勤になったり、介護や健康問題が出てきて子どもを迎えることが難しくなる里親もいるようです。

（2）子どもの紹介を待つ時間の過ごし方

子どもの紹介を待つ時間は、子どもの福祉や里親制度、養子縁組について勉強する準備期間として活用するとよいと思います。里親登録すると、児童相談所や里親会の研修やイベントの案内がくるので、積極的に参加しましょう。

児童相談所の研修やイベント

里親養育について何を学べばいいかわからなくても、児童相談所の研修に参加すれば少しずつ理解できるようになります。漠然とした「子育て」を教科書で学ぶよりも、研修内容から自分の関心を広げていくほうが学びやすいかもしれません。

現在では、児童相談所の研修も種類が増え、未委託里親を対象にした講義研修や施設研修を開催している児童相談所もあります。また、未委託里親と乳児院や児童養護施設で暮らす子どもたちが交流する場を設けたり、施設ボランティアをするための窓口になる児童相談所もあります。未委託里親に社会的養護を必要とする子どもたちへの理解を深めてもらおうという趣旨で行われているそうです。

子どもを待っている未委託里親は児童相談所の管轄内にたくさんいるので、登録したきりで研修に出ないと、児童相談所の職員に顔を忘れられてしまうかもしれません。また、児童相談所の職員には異動があります。担当職員が入れ替わってお互いに顔を知らないと、里親委託が必要な子どもが現れた時に、「この子はあの里親さんに合いそうだ」とイメージしてもらうことが難しくなります。研修などに参加することが「子どもの紹介を待っています」とアピールすることにもつながります。

里親サロン

児童相談所、里親会、児童養護施設や乳児院、子どもに関する民間の相談機関など、さまざまな場所で里親サロンが開かれています。子育て真っ最中の里親の話を聞くことは勉強になりますし、子どもが委託される前からサロンで里親同士でつながっておけば、委託後に困ったことが起きてもスムーズに相談することもできるでしょう。未委託里親のためのサロンが開催されている場合もあります。サロンの情報は、児童相談所や里親会が教えてくれます。

施設ボランティアや週末里親

以前は里親が施設ボランティアをやってみたいと思っても、児童相談所がボランティア活動を紹介してくれることも少なく、個別に施設に連絡をしてみて、機会があればやってみるという状況でした。近年、里親と施設の交流や相互理解が少しずつ進み、施設に里親を担当する職員が配置されるようになり、施設ボランティア活動がやりやすくなってきました。

今まで子どもとのかかわりが少なかった人は、施設で暮らしている特定の子どもと定期的に交流する週末里親をしてみることで、子どもの世界に触れることができます。この場合、養子縁組里親として子どもの紹介を待っていることを事前に施設に伝えて了解を得ておくことが大切です（養子縁組を必要としている子どもの紹介があった時点で、週末里親としてかかわってきた子どもとの交流を突然断つことが望ましくないからです）。施設ボランティアや週末里親に関しては、95頁と97頁に体験談が書かれているのでぜひお読みください。

短期間の里親委託

児童相談所に保護された子どもたちのなかには、今日1日安心して過ごせる場所が緊急的に必要になる子どもがいます。また、親の入院や出産のために短期間、暮らせる場所が必要になる子どももいます。このような短期間の委託を受けられる里親も必要とされています。

その他

里親会が主催する行事（親睦会や旅行など）、家庭養護促進協会の講座（59頁参照）、日本財団ハッピーゆりかごプロジェクトのイベント（66頁参照）、全国養子縁組団体協議会のフォーラム（66頁参照）、民間機関のイベントなど、子どもを待つ間の準備期間に参加できる場は増えています。地理的な問題でこういった場への参加が難しい場合は、近隣の市区町村の里親講座や体験発表会に参加してみるなどの工夫もしてみるといいかもしれません。

（3）委託打診から子どもを正式に迎えるまで

児童相談所からの委託打診はある日、当然にやってきます（注）。この時の子どもの情報は年齢と性別くらいでくわしいことはあまり聞けません。話を進める方向になると、児童相談所の家庭訪問があり、もう少し子どもについて教えてもらえます。そして、次のステップは子どもとの面会です。乳児院や児童養護施設で暮らしている子どもとは施設で面会します。大人のお見合いではないので、「会うだけ会ってみよう」という安易な考えではなく、「待ちに待った運命の子どもだから、迎えたいという強い気持ちで会おう」という夫婦がほとんどではないかと思います。相手は小さな子どもですから、自分の自由意思で会う会わないを決めることができません。人見知りのために号泣しても、「イヤだ」と逃げられても、「私たち、相性が合わなかったみたいだね」で済ませることは不適切です。見知らぬ大人と対面する子どもの心情や行動は、研修講義や里親の体験談から学ぶことができます。面会が子どもの心身に与える影響や負担を考えると、事前によく家族で話し合って決める必要があります。

【注】
東京都の場合は、児童相談所から里親委託が必要な子どもの情報がきますが、これは委託の打診ではありません。あくまでも子どもの情報の提供であり、その情報を見て、里親がその子どもの養親候補者として手をあげるかどうか決めます。１人の子どもに何組もの希望者が現れることもあり、そのなかから、１組の候補が選ばれます。

わが家の場合

わが家に児童相談所から打診の電話があったのは、認定から8ヵ月ほど経った頃でした。認定された時はちょうど、地元の里親会で記念行事の準備が始まるタイミングでした。先輩里親さんに声をかけられて、右も左もわからないまま、打ち合わせに参加したり、他にも研修やイベント参加の機会が多く、あっという間に半年が経ちました。一通り終わって落ち着いた頃、何かできることはないかと児童相談所に電話をかけて、施設ボランティアの機会があるか聞いてみました。当時は現在のように、施設ボランティアや週末里親の制度が整っておらず、期待する返事はもらえませんでした。わが家の担当児童福祉司さんは私の不安を察してくださり、「吉田さんのお宅にお願いしたいお子さんが現れたら連絡します。その時に留守だからといって、別の人に電話するということはないですから、今しかできないことをやっておいてください」と言ってくれました。

打診の電話があったのはそれから2ヵ月後で、遊の性別や年齢、現在の状況など簡単な説明があり、夫と話し合って改めて遊と面会するかどうか返事がほしいと言われました。翌日、さっそく面会の意志があることを伝え、児童福祉司さんが家庭訪問にきました。そして、遊の顔写真を見せてもらい、もう少しくわしい事情を聞くことができました。

乳児院で遊と面会したのは、それからしばらく経ったあとでした。普段過ごしている保育室ではない見慣れぬ場所（応接間）に私たち夫婦、乳児院の院長先生と職員、児童福祉司さんと大人ばかりが集まっているただならぬ雰囲気に遊は号泣し、早々に保育室に引き上げていきました。私たち夫婦はまだ健康診断を受けていなかったので、遊を抱っこすることはできませんでした。私は乳児と接することがほとんどなかったので、「赤ちゃんって、こんな大きさでこんな感じで泣くんだなあ」とめずらしい体験をしたような気持ちになりました。遊が保育室に戻ったあとは大人だけで、乳児院での実習など今後のスケジュールについて話し合いました。面会を決めてから委託までは次のように進みました。

健康診断書を児童相談所と乳児院に提出（乳児院に感染症を持ち込まないため）

←

乳児院での実習開始

・保育室で一緒に過ごしながら、食事、入浴、着替えなどの介助をする（20回ほど）

←

数時間の外出（近所をお散歩程度）

←

短期外泊（３日間）……この間に児童福祉司の家庭訪問あり

↓
長期外泊（2週間ほど）……この間に児童福祉司の家庭訪問あり
↓
正式委託

遊と交流するにあたって、乳児院からは、息切れしない程度にあまり日にちを空けずに交流するようアドバイスされました。最初から頑張りすぎて疲労でダウンしてしまう里親もいるという話でした。たしかに、自宅から乳児院への長距離移動、緊張と気負い、自宅での準備などで、長期外泊の頃には私はヘトヘトになっていました。養育本番は子どもを正式に迎えてからですから、その前に消耗してしまう事態というのは避けるべきでした。

面会してから正式委託の通知が郵送されてくるまではちょうど3ヵ月かかりました。正式委託までに要する期間は、子どもの事情や交流の進み具合によって違います。周囲の里親さんから交流の様子を聞くと、子どもが小さければ小さいほど、正式委託までの期間が短い印象があります。幼児になると、本人の気持ちや意志がはっきりしており、里親と子どもの双方が慣れるまで、乳児よりは時間がかかっているようです。

施設実習

乳児院や児童養護施設は大人のための実習施設ではなく、子どもの生活の場であることをわきまえて実習に挑むことが大切です。施設から説明されたルールを守り、子どもたちのプライバシーに配慮しながら進めていきましょう。子どもとのコミュニケーションも大事ですが、職員とのコミュニケーションも非常に大切です。うまく意思疎通ができないと交流もうまく進まないこともあるようです。施設には、里親を担当する職員（里親支援専門相談員）や、子どもの日々の世話をしている（保育士）など、さまざまな役割を担った職員が勤務しています。子どもの健康や生活面での相談、交流の進行度の確認など、誰に何を聞いたらいいか確認しておくといいでしょう。

子どもの世話を一生懸命してきた職員に敬意を払う気持ちも必要です。「大事に預かってきた子どもを安心して託せる養親にバトンタッチしたい。子どもに家庭が見つかることが子どものしあわせ」と委託を応援してくれる人こそ、日々子どもとかかわっている施設職員なのです。児童相談所から子どもを迎えるからには、子どもには児童相談所の職員や施設職員をはじめとした多くの人間がかかわっていること、こうした人たちの努力で子どもに出会うことができたこと、委託後も引き続き連絡を取り合う必要があることへの理解が大事です。

実習中に気をつける点

- わからないことは自己判断せずに施設に確認する
- 施設にいるほかの子どもたちの事情を詮索しない
- 実習で知りえた子どもたちのプライバシーを漏らさない
- 許可なく乳児院の子どもたちをカメラ撮影しない

交流中の子どもとの関係

普段見慣れない大人に対して、子どもたちは敏感です。最初から「あなたのママですよ」という振る舞いをされたら、子どもはびっくりします。私もはじめのうちは、遊とばかりかかわらないで、保育室全体を見るようにアドバイスされました。早く遊に近づきたいという気持ちを抑えて、保育士の1人であるかのようにふるまいました。全体が見えてくるとだんだんと子ども1人ひとりのキャラクターもわかるようになり、結果的に遊が集団のなかでどのように行動しているのかも把握できたので、それに合わせて距離を縮めることができました。

乳児ではなく幼児ならば、突然自分に注目している大人が現れて、なんとなく不安で落ち着かなくなる子どももいるでしょう。このような子どもはこれから自分の身に起こる変化を感じ取っているのかもしれません。時間とともにうちとけて喜んで外出や外泊の約束をしても、当日になって急に不安になってしまう場合も多いようです。子どもなりに施設での日々を重ねてきており、馴染んでいるので、子どもの立場になってみれば、不安になるのも当然です。一般家庭の子どもだって、親族でもない親しい友人家族でもない大人だけの家にお泊りすることはないでしょう。

子どもとの距離が縮まらない、子どもが懐いてくれないと思っていても、周囲の支援者は逆に順調だと交流を見立てているかもしれません。児童相談所や施設職員の意見を聞いてみましょう。

外泊

交流が順調に進み、外泊の見通しが立つと、子どもを受け入れる準備で一層忙しくなります。乳児の場合は、チャイルドシート、ベビーカー、抱っこひも、ベビーベッドなどが必要になります。わが家の場合は、乳児院から、就寝・起床・昼寝・入浴時間が記載されたスケジュール表をもらいました。食事の好き嫌いや排せつのパターンもわかり参考になりました。

その他、事前に確認して正解だったのは、近所の小児科の診療時間、夜間診療を受け付けている病院の連絡先です。交流していた時期は感染症が大流行しており、外泊中、私と遊の両方がインフルエンザにかかり大ピンチに陥りました。この時ほど、実家からの応援をありがたいと感じた出来事はありません。何か起きた時にすぐに対応できるよう、助けてくれる親族には外泊予定を伝え、健康管理には特に注意したほうがよいです。

交流の中止

さまざまな事情で交流が中止になることがあります。以下に例をあげます。

- 生みの親の事情が変わって里親委託しないことになった

- 子どもの里親として適任ではないと児童相談所が判断した

- 里親側の事情で、里親が交流の中止を申し出た

どのような理由であれ、交流の中止は子どもの心身に大きな負担が生じる原因になります。残念ながら、「里親宅で子どもが傷ついて施設に戻ってきた」と施設職員が感じるケースがあります。その後の子どもへのフォローは施設が行うことになります。

子育てに強い不安を残したまま委託に向かうことが必ずしも、里親と子どもの双方にとって良い結果にならないこともあります。児童相談所や施設とよく話し合うことが必要です。

〈体験談①〉
「〝絶対に親になる〟という気持ちとタイミング」――T・A

私は不妊治療中に、不妊当事者団体のインターネットサイトで里親や養親のことを知りました。そういう選択肢があると知っても、当時はまだ治療をあきらめられず、また、血のつながっていない子どもを育てられるかどうかわからないと感じました。そのうち、経済的にも年齢的にも治療が難しいと思い始め、養子縁組に関するシンポジウムに参加する機会も得て、里親養親として育てる人生もあるんだという気持ちがだんだんと強くなっていきました。それを夫に話したところ、「そんな軽い気持ちじゃだめだ」とたしなめられ、少し時間をかけて本当に自分にもできるのか自問自答しつつ、夫にも考えてもらってから、児童相談所に話を聞きに行きました。

児童相談所には夫婦で気持ちを固めて行きましたが、子育て経験がないという不安はありました。その不安を児童相談所に伝えたところ、乳児院や児童養護施設でのボランティアを勧められ、乳児院でボランティアをしました。これから里親登録する方は、認定前に施設での研修もあるので、研修で勉強する方法もあるかと思います。

里親登録は半年以上かかりましたが、認定後すぐに乳児の委託の打診がありました。

うれしいと同時に不安でもありました。正式に委託されるまでに、子どもとの交流で乳児院に50回以上通いました。気が張っていたのか、疲れて病気になるということはありませんでした。あれから数年経ちますが、今、また、同じことを繰り返すのは体力的に難しいです。私にとって、数年前のあの時が、まさに親になるタイミングだったと思います。「絶対にこの子の親になる」という気持ちの勢いは大事でした。今現在、不妊に対しては「やるだけはやった、思い残すことはない」という気持ちです。

実家の両親は里親になることに最初、反対でしたが、今は祖父母であることに満足しています。夫は仕事をしているので留守時間も多いですが、いざという時にとても頼りになります。特別養子縁組の申し立ては委託から1年後で、スムーズに進みました。

子どもが幼稚園の年中の時、五十音中の特定の発音がうまくできなかったので、公共機関に相談したら、療育センターを紹介されました。しばらく家庭で様子を見ていましたが、小学校に入ってからの生活を考え、療育センターに通って発音を直すことになりました。また、児童相談所での発達の検査で、発達が遅れていると言われたので、近々、別の機関での相談を予定しています。結果を受け止め、幼児向けの通信教育をやったり、ハサミをつかった工作や折り紙など、年齢相応にやれることをやろうと考えています。実子だったらもっと大きな夢を抱いて、教育ママになっていたかもしれませんが、子どもには伸び伸びと育ってもらいたいです。「この家で育ってしあわせ」と感じてもらえたら、うれしいのです。

〈体験談②〉

「豊かな人生をくれた里親養親の世界と子ども」――M・H

私は30代後半で結婚しました。結婚してすぐに流産を経験したことや、年齢のこともあり、不妊クリニックで検査しましたが、特に悪いところはなく、血液値は年齢相応という結果でした。不妊治療をがんばれば、なんとかなるんじゃないかと考え、治療を始めましたが、「もっと早く結婚しておけばよかった、手遅れになってしまった」と後ろ向きになったり、体の衰えをデータで突きつけられた気持ちになりました。そして、養子を迎えるのもありかなと思い、民間機関をネットで調べたのですが、条件的に私たち夫婦には難しいと感じ、治療を続けることにしました。

妊娠しやすくなるよう、漢方薬を飲んでみたり、ウォーキングしてみたり、ひととおりやってみましたが成果はなく、体外受精のために、採卵できても、移植はできませんでした。婦人科の先生ではありませんでしたが、信頼している知り合いの医師に相談したところ、「年齢が高くなると、どうしても妊娠しにくくなる。お金も時間も大事にしたほうがいい。治療でできることとできないことがあるから、前もって治療の回数や期間を決めてから始めなさいよ」とアドバイスをもらいました。体外受精は2回試みましたが、卵のグレードが悪くて移植できませんでした。

そういう時期にネット検索していたら、不妊当事者の団体で里親養親の話を聞けると知って参加しました。その時にはじめて、里親のことを知り、転機になりました。里親さんは楽しそうで、里親をやってよかったということが伝わってきて、そういう道があったんだと思えました。今まで治療の選択肢しかないと思っていたのに、別の道があるんだとはじめて知って、急に心が軽くなり、元気になれました。そして、翌日、児童相談所に思い切って電話をかけました。

電話に出た職員はのんびりとしたフレンドリーな人で、「とりあえず話を聞きにきてください。明日でもいいですよ」と言ってくれました。そういうわけで、電話から2日後に児童相談所に行きました。児童相談所では、「里親が高齢化しているので、あなたは若手ですよ。ウエルカムです」と言われました。職員から登録を勧められましたが、登録したら絶対に里親にならないといけないと思い、ひるんでしまいました。その後、里親会の方からサロン参加を承諾していただき、参加してみたら、「人がこないから里親サロンをやめちゃおうと思ったけれど、きてくれてうれしい」と温かく迎えてもらえました。

サロンでは、いろんな話を聞かせてもらえました。みなさん、年齢のわりには気持ちが若くて、隠居世代の人たちが問題意識をもっていて、社会的養護の子どもたちをなんとかしたいという気持ちで社会に働きかけていて、すごく素敵な年齢の重ね方だと思いました。仲間に入りたいと刺激を受けました。

子どもを育て上げた里親さんがとてもしあわせそうで、孫もいて、孫のためにお人形を作っている話などを聞きました。不妊当事者の団体で里親経験談を話してくれた里親も「うちの子が」と何度も言っていたので、「自分の子なんだ」と思いました。里親会の人たちも子どもたちを家族として自然に受け入れていて、血のつながりの壁というものは感じませんでした。子どもが事件を起こした大変な話も聞いたけれど、子育てをやりとげたから話せるんだと思いました。「私は子どもを選ばないよ、どんな子でも育てるよ、それが自分の決意です」と言って、実際に子どもを育て上げた人もいました。こういう人がこの世に存在していて、実際に子どもを育て上げていると知って、素敵だなと思いました。決して自慢話としてでなくて、思いを話してくださり、すごく勇気がわいて、サロンに行くのが楽しみになりました。里親申請前にもかかわらず、児童相談所からもイベントに呼んでもらえました。それ以外にも、近隣都道府県の体験発表会や勉強会などにも参加していました。そして、やっと登録段階にきたと思ったタイミングで、転勤で他県に引っ越すことになりました。

引っ越し先では、里親に関する勉強の機会が多く、参加できるものは参加しました。でもかつて住んでいた地域とは里親のシステムが違っていて、同じ児童相談所で、こうも大きく違うことに戸惑いました。治療は急にやめたわけではなく、里親の世界に魅力を感じ始めたら、治療にこだわる気持ちが薄れて、徐々に治療終了に向かって、ソフトランディングしていったという感じです。自然な流れだったと思います。特に大きな決意が必要だったとか、苦しかったということはありませんでした。

里親登録をしたあとは、週末里親もやりました。児童相談所の研修で児童養護施設に行った時、週末里親が必要だということを知ったのです。うちに泊まりにはこなかったけれど、月に1~2回、親族の面会のない幼児の○○ちゃんと交流しました。○○ちゃんがいい子で、手紙をいっぱいくれました。私たち夫婦に委託打診がきた時は、○○ちゃんを傷つけないように週末里親を終了させなければなりませんでした。週末里親の関係がぶつ切りのように終わるのではなく、「どんどん、○○ちゃんのことを応援してくれる人が増えるよ、また増えるよ」と伝えることになりました。ちょうど、○○ちゃんが別の里親と交流できることになり、私たち夫婦は徐々に○○ちゃんとフェードアウトしていきました。○○ちゃんは今、里親家庭でしあわせに暮らしていると聞いています。

認定から半年ちょっとで養子縁組前提の乳児との交流が始まりました。里親の情報を知ってから、約2年が経過していました。その間はいろんな勉強をしたり里親から話を聞いたり、週末里親もしたので、自分のなかで交流のイメージがすでにできていました。打診がきた時はとてもうれしかったのですが、一方で、子どもとの生活が現実になろうとしていることに対し、取り返しのつかない大変なことをしようとしているんじゃないか（自分たちだけでなく、子どもの運命も変えてしまうかもしれないなど）と一時的に強い不安を感じました。その時は以前、養親経験者から、「この時期に気持ちが不安定になる人もいる」と聞いていたので、不安をもちながらも「誰でもそうなる時期なんだ」と考えました。その後、子どもの写真を見た瞬間に、そんなことはすっかり吹き飛び、後ずさりせず交流を進めることができました。交流期間は4ヵ月でした。

子どもを迎えた時、実家の父が末期ガンということがわかりました。実家の両親にとっては初孫だったので、子どもの存在は両親をとても喜ばせました。その後、間もなく、父は亡くなりましたが、母が心を病まずに父の死を乗り切れたのも、かわいがっている孫の存在があったからだと思います。父の葬儀の時、お坊さんの「人が死んでも、その人の生き方は次の世代に引き継がれる。親から子どもへ孫へと……」というお話が、頭にスッと入ってきました。人生に終わりがきても、自然に人生が後の世代につながる、子どもにつながることを感じることができて、救われた気持ちになりました。

特別養子縁組の申請の時は家庭養護促進協会から発行されている『親子への道標——特別・普通養子縁組についての法律と手続き』（68頁参照）が役に立ちました。手続きは問題なくスムーズに進みました。

産めなかったことは残念だと思うけれど、産んでいたら里親養親の世界を知ることはできませんでした。２つを天秤にかけるわけではないけれど、「里親の世界を知り、人と出会え、子どもと出会うことは、出産して育てることに劣らない。出産できなかったことを残念だと思う以上に価値があった。自分の人生が深まった」と感じています。

民間機関から子どもを迎える

養親希望者に求めている条件や子どもを迎えるまでの流れは民間機関によってさまざまです。第2章で書いたように、民間機関のサイトを見たり、直接問い合わせるなどして情報を集め、説明会へ参加したり、書類審査、面接を受けて、ご縁があったところで登録し、子どもの紹介を待つという流れになります。気持ちがはやってしまうのか、サイトに書かれている内容をよく読まないで問い合わせる希望者がいて困っていると民間機関の方から聞いたことがあります。一通りサイトに目を通してから問い合わせるよう注意しましょう。里親委託に比べると、民間機関が紹介する子どもは新生児や乳児が多いという印象があるかもしれませんが、幼児の紹介もあります。

養親希望者に求める条件

どの機関でもほぼ共通していると思われる事項は次の5点です。

- 生母の意志を尊重することを求めています。一旦は養親に子どもを託そうと考えたけれど

も、手元で育てる決心をする生母もいます
・自分の生活を子どもに合わせられる柔軟性が必要です
・子どもの性別や健康状態に関する注文を認めていません。生まれてきた子どもをそのまま受け入れることが条件になります
・経済的に安定していることが必要です
・子どもの知る権利を尊重し、真実告知することを求めています

民間機関によって異なる条件がたくさんあります。

・養親の年齢制限は民間機関によって異なります
・養親が負担する費用は民間機関によって異なります
・里親登録を求める民間機関と、逆に里親登録を望まない民間機関があります
・他の機関での登録を認める民間機関と重複登録を不可としている民間機関があります
・提出書類の種類は民間機関によって異なります
・不妊治療を終えていることを条件とする民間機関があります
・国内に居住していることを条件とする民間機関と、海外居住でも可とする民間機関があり

ます
- 夫婦のどちらかが子育てに専念することを求める民間機関があります
- すでに養子がいる希望者の登録を不可（2人目不可）とする民間機関があります
- 養親がクリスチャンであることを条件とするキリスト教系の民間機関があります

民間機関で登録したあと、子どもの紹介がくるまで何年間も待ったという話はあまり聞きませんが、子どもとのご縁が必ずあると約束されているわけではありません。待ち時間をどう過ごすかについては、83頁を参考に、単発で参加できるイベントや講座などに参加してみてはいかがでしょうか。

命名について

生まれたばかりで子どもに名前がなければ、生みの親か養親のどちらかが命名することになります。その際、民間機関に決まった方針があれば、原則としてそれに従うよう、求められます。生母の意向を尊重する民間機関、養親が命名する民間機関、生母と養親双方の希望を調整する民間機関など、さまざまです。

特別養子縁組が子どものための制度であることが徐々に理解され始め、特別養子縁組を知ろう、理解しようという世の中の機運が高まり、平成25年には、「全国養子縁組団体協議会」と「あんしん母と子の産婦人科連絡協議会」の2つの協議会が立ち上がりました。全国養子縁組団体協議会は養子縁組を支援する民間機関の連絡・協議を行う団体です。あんしん母と子の産婦人科連絡協議会は予期せぬ妊娠に悩む女性を支援し、生まれてくる子どもが安全で健やかに育まれるように産婦人科同士による連携で設立されました。2つの協議会の取り組みについて話をうかがいました。

〈インタビュー①〉

「不妊治療中にも里親・養親について模索を」

一般社団法人 全国養子縁組団体協議会 代表理事 静岡大学准教授 白井千晶

全国養子縁組団体協議会の活動

——自己紹介をお願いします。

私は家族社会学の研究者として家族がつくられていく場面に関心があり、今まで多くの不妊治療をしていた方、里親、養親、生みの親、養子縁組の支援者から話をうかがってきました。話を通して教えていただくことが多かったことから、今度は研究するだけではなく、学んだことを社会にフィードバックしたいと考えるようになり、平成25年に全国養子縁組団体協議会（以降、協議会）の発起人としてつなぎ役になりました。

――協議会のホームページを拝見しました。予期せぬ妊娠に悩む女性への情報提供に重点を置いているようですね。

はい。妊娠に悩む女性が誰にも相談できないでいることを協議会ではとても心配しているので、困っている妊婦さんへの情報提供に力を入れています。養親希望者は自分で必要な情報を得ることができますが、悩んでいる妊婦さんは必要な情報にアクセスできないことも多いのです。過去、「自宅で赤ちゃんを産みました」と民間機関に連絡がきた時には赤ちゃんは亡くなっていたということがありました。1週間でも早くお母さんから連絡があったら、赤ちゃんは助かったかもしれないと思うと心が痛みました。こういうことが起きないよう、赤ちゃんの命を守るための対応に力を注いでいます。また、民間機関にはそれぞれポリシーや特長もありますので、親子やさまざまな人間関係と同じように、相性もありますから、画一的なお知らせがしにくい部分はあります。協議会に加盟している団体のリストはホームページに載せているので、その先は、個々の機関のホームページを見ていただくのが一番いいかなと考えています。

——ホームページを見た養親希望者から問い合わせをいただくことはありますか。

はい。例えば、「私は○○県に住んでいるのですが、どのように情報が得られますか?」と聞かれたら、その地域の情報を調べて、「ちょうど○○県にこういう説明会があるそうですよ、1回行って見てくださいね」というようにお答えしています。協議会から特定の民間機関を勧めることはなく、希望者の話を聞いたうえで、「あなたの場合はまずこういう団体の説明会を聞くといいかもしれません」という話はしますが、それは、私個人としてお話を聞いて、思うところをお答えしているという感じです。もちろん、民間機関や児童相談所に直接お問い合わせする方もたくさんいらっしゃいます。

たくさんの方々の話を聞いて私が思ったのは、養子縁組を考えるのは、不妊治療をとことんがんばったあとでなくてもいいということです。例えば「35歳で結婚しました。40代半ばまでは養親になれるみたいなので(民間機関によって年齢制限は異なります)、それまでは不妊治療1本でがんばります」じゃなくて、30歳で里親になってもいいわけだし、里親になってから不妊治療をしてもいいわけです。「今これをがんばって、次善の策で養子縁組とか里親になる」のではなくて、順番はフレキシブルでもいいのではないかと個人的には思います。養子縁組をためらう理由として、不妊治療をがんばってから養子縁組を考えるのは養子に悪い気がするという話を聞いたことがあったんですね。不妊治療をがんばっていないのに、養子縁組を考えるのは、他の養子縁組希望者に悪いという話も聞いたことがあります。それは今日本が不妊治療をとことんがんばらなきゃいけない、あきらめちゃいけない、ベストを尽くさなきゃいけないみたいなことがあるから、養子に悪い、養親希望者に悪いという考えがでてきてしまうのかなと思いました。そんなにがんばっていない時でも情報を受けてもいいし、まだ不妊治療をやり尽くしていなくても養子縁組の説明会に行って、「まだ不妊治療を続けようと思っているんですけれども」と言っても、誰にも失礼ではないと個人としては思います。

しっかりと里親養親について考えることを否定するわけじゃないんだけれど、例えば、不妊治療中に児童相談所が一時的に保護した子どもを夫婦で短期間預かる経験をしてもいいと思うんです。他人様の子どもを預かることには大きな責任とプレッシャーが伴いますが、子どもが可愛いと思ったり、苦手だと思ったり、いろんな経験をさせてもらうことができます。

――民間機関から子どもを迎えるのと、児童相談所から子どもを迎えるのではどう違う

と思いますか。

児童相談所から迎える子どもは年齢がちょっと大きくて、民間機関から迎えると赤ちゃんだと思われているかもしれませんが、一概にそうとはいえません。民間機関のなかには、8歳とか9歳の普通養子縁組をしているところもあるので、いろいろだと思います。

――一度に複数の民間機関に登録するのは許されますか。

それは民間機関によるので尋ねてもらったほうがいいです。どこからでもご縁があるならどうぞという民間機関もあります。特に里親の認定を条件にしている民間機関は、児童相談所から委託の打診がくるのは当然のことで、複数の経路があることを前提に考えているんだろうと思います。複数申し込めないところは、とても慎重に委託先を決めるので、連絡した時に「うちにはもう赤ちゃんがいるので辞退します」と言われるととても困るので、複数申し込まないでくださいということなんだと思います。

子どもたちは望まれて生まれてきた

生みの親が子どもをすごく大事に産んだということを私は伝えたいと思っています。

私は研究のなかで生母さんたちの気持ちをうかがってきましたが、彼女たちにはそれぞれ深い事情がありました。結婚がとりやめになったり、経済的に子どもを育てられなかったり、実家を頼ることができなかったり、自分の親から適切でない養育を受けてきたという生い立ちで子育てをするのが難しい人もいます。

協議会では毎年４月に養子縁組団体フォーラムを開催しており、複数の民間機関が活動を紹介したり、養親が自分の体験を発表する場になっています。こういう場所で参加者に生みの親の気持ちも伝えることができたらと思っています。生みの親にも「ちゃんとあなたのことを受け止めてくれる社会だよ。わかっている人もいるよ」ということを伝えたいです。

また協議会として、今後考えているのは病院への出前講座です。不妊治療をしているクリニックからの要望があれば行きたいと考えています。医師が「養子縁組という方法もあるんですよ」と言うのと、協議会が出向いて「養子縁組という方法があるんですよ」と言うのは違うと思います。医師から言われるとショックで、受け止められない気持ちがあったり、選択肢として考えなきゃみたいになるかもしれないけれども、協議会が話したら「こんな話もあるんだな」くらいに思ってもらえるかもしれません。「少し興味があるから、話を聞いてみようかな」くらいの気持ちで参加していただけたらうれしいです。

◆一般社団法人　全国養子縁組団体協議会ホームページ　(http://www.adoption.or.jp/)

〈インタビュー②〉
「生母から養親へ命のバトンタッチ——あんさん協の活動紹介」

あんしん母と子の産婦人科連絡協議会　事務局長　鮫島かをる

——あんしん母と子の産婦人科連絡協議会について教えてください。

あんしん母と子の産婦人科連絡協議会（以降、あんさん協）は平成25年の9月に立ち上がりました。養子縁組あっせん機関ですが、産婦人科の施設が行う養子縁組支援ということで、あくまでも医療として行っています。

あんさん協には「第二種社会福祉事業」の届け出を出して、特別養子縁組取扱い医療施設として活動している施設が4ヵ所あります。4ヵ所の産婦人科施設はすべて入院施設をもっています。産婦人科施設では、生母さんが妊婦健診に現れるたびに赤ちゃんについて生母さんと一緒に考えます。また、生母さんに入院していただきますので、生母さんが十分に休むことができ、今後を考える余裕が生まれます。「もう養子縁組するしかないんだから」と、親族からのプレッシャーで養子縁組の選択をせざるを得ない生母さんがいるなかで、入院は親族と離れて考えることができる機会です。そうすると私たちとしても生母さんの気持ちや悩みが見えてくるので、寄り添いのケアがしやすく、入院していただくことに大きな意味を感じています。生母さんにとっての最良の決断を生母さん自身ができるように支援する体制があることが私たちの大きな特色です。

――あんさん協から子どもを迎えるにはどのような審査がありますか。

問い合わせをいただいた養親希望者には、質問事項を送らせていただきます。まず夫婦ともに里親認定が必要です。養育里親の研修は内容が深いので、養子縁組するにせよ、なるべく養育里親の研修を受けてほしいと考えています。養育里親の研修で学んだほうが子どもをより理解しやすいからです。申し込めるご夫婦の年齢は46歳以下とさせていただいています（ご夫婦どちらかが46歳の誕生日を迎えるとともに対象外となります）。１日でも長く子どもが養親と一緒に生活できるように、また、幼稚園や学校で出会う保護者の年齢層、思春期の子どもと向き合える体力・気力、子どもが望めば大学まで学費を払うことができる経済力を考慮して年齢制限を設けています。生母さんからの質問に

「子どもを大学まで進学させてもらえるんでしょうか」というものが多いのです。また。生母さんたちからは、「将来離婚しない仲の良いご夫婦に」とお願いをされています。そのほかの必要書類は、年収を証明するものとか、3ヵ月以内の健康診断書などです。質問事項にお答えいただき、必要書類とともに送っていただければ、書類選考をさせていただきます。その時点でお断りする場合もあります。書類選考に通ると、4ヵ所の産婦人科施設のいずれかで1次面接を行います。2次面接に通ると、あんさん協本部での2次面接になります。2次面接では、あんさん協の第三者委員が同席し、面接が適切に行われているかどうかを見ていただいたうえで、あんさん協が判断し、2次面接を通過したご夫婦はマッチングの待機に入ります。

――生母さんの出産をどう支援しているのか教えてください。

分娩後、生母さんの意志を確認してから、カンガルーケアをしていただきます。カンガルーケアは、保育器がない南米コロンビアで、赤ちゃんの低体温を防ぐとともに、ママの胸に抱かれて赤ちゃんの安心感を強める、母子の絆を強めるために行われてきました。赤ちゃんは子宮から外に出ると、眩しかったり、外気に当たることによるショックがあるといわれているので、お腹のなかで聞いていたママの心臓の音を聞くと、とても安心するのです。ママもお腹にいた赤ちゃんが肺呼吸して、今、自分の胸の上にいることで赤ちゃんとの一体化を感じ取ることができます。今まで、カンガルーケアを拒んだ生母さんはおらず、カンガルーケアはとても感動的な瞬間です。

その後、赤ちゃんとそのまま一緒にいるか、赤ちゃんをナースセンターに預けるかは、生母さんご本人に決めてもらいます。入院中、じっくりと考えていただきます。赤ちゃんは決して見捨てられた存在ではなくて、ママのぬくもりが記憶から消えても、体が覚えている、捨てられたわけではないことを赤ちゃんに感じてもらいます。赤ちゃんは絶対覚えていると私たちは信じています。ママにも、短期間だとしても一生分の愛情を赤ちゃんに与えることができる、別れたあとも自分は最善を尽くして悩みに悩み、子どものしあわせを考えて決断したということを記憶として刻んでほしいのです。

――子どもを迎える時、養母さんも入院するそうですね。

養親さんも2泊3日の教育入院をします。人によっては、宿泊がもう少し長くなることもあります。まず最初に養親さんが赤ちゃんと出会う場所が分娩室です。教育入院が始まる時に、分娩室でセレモニーの時間を設けて、生母さんの思いを養親さんに伝承する時間にしています。どの生母さんも赤ちゃんを養親さんに託すに際していろいろな思いがあります。その気持ちを手紙に書いてもらったり、スタッフを介して養親さんに伝えます。それは「生母さんから養母さんへの委託式」というものだと思っています。養母さんは民間機関から赤ちゃんを託されたのではなくて、生母さんから託されたということを感じてほしいと思っています。生母さんと養母さんは会うことはありませんが、非常に強い絆で結ばれる一歩がこのセレモニーです。生母さんのメッセージは「子どもはこういうふうに育ててもらいたい」など内容が具体的なことが多いです。

セレモニーの次は、赤ちゃんの抱っこのしかた、げっぷのさせ方、授乳、オムツの交換、あやし方、赤ちゃんへの接し方、調乳指導、沐浴指導などです。養親さんは赤ちゃんがなんで泣いているのかわからないことがあるので、夜間でもナースコールしてもらえれば、これはお腹がすいているのか、おしりがぬれているのか、眠いのか、教えます。夜間でもナースコールで対応できるので、養母さんにとっては貴重な2泊3日です。みなさん、「教育入院があって本当によかった」と帰宅後におっしゃいます。

——養親を希望するご夫婦にメッセージをお願いします。

里親研修で社会的養護の子どもたちが置かれている環境を学んでいただいて、施設で育つことと、家庭で育つことが、どう違うのか、きちんと学んでこられたご夫婦にぜひ、エントリーしていただきたいと思います。子どもが家庭で育つことの意義を知っているご夫婦であれば、生母さんが育てたくても育てられなかった赤ちゃんがきた時に、子どもが示すいろいろなものにアンテナを張って機敏に対応していただけると思っています。

◆あんしん母と子の産婦人科連絡協議会本部ホームページ　(http://anshin-hahatoko.jp/)

〈体験談③〉

「児相相談所の一言で民間機関での登録に方向転換」――――I・K

私が結婚したのは30代後半で、主人は40代でした。結婚して半年後くらいから不妊の検査を始め、すぐに人工授精から体外受精へステップアップし、不妊治療のフルコースを受けました。不妊治療は5年間に及び、体外受精の回数も2ケタに突入し、4年目くらいには、胚盤胞ができなくなり、だんだんと体外受精も無理かなと感じ始めていました。不妊治療は私の希望でやっていて、主人はこだわっていませんでした。

主人は2人の生活でいいと思っていましたが、私には産みたいというより、育てたいという気持ちがありました。そこで養子縁組を考えるようになり、ネットで調べたり、里親の体験発表会に行き始めました。すでに不妊治療中から、他の選択肢をぼんやりと考えて、治療中から調べていました。

　養子縁組里親の登録を申請して認定されたあとは、里親を必要としている子どもの情報が児童相談所からきていました。月に1人は情報をもらっており、里親登録していた時期にもらった子どもの情報は30人くらいにはなっていましたが、結果的に、子どもとのご縁はありませんでした。子どもの情報をもらっても、里親候補からはもれてしまっていたのです。その理由として、「ここだけの話」と前置きをされてから、「年齢が関係しているかもしれないので、Kさんの場合は、民間機関から迎えるほうが可能性があるかもしれません」と児童相談所の当時の担当者がアドバイスしてくれました。同じ頃に里親登録して知り合いになった方たちは、私たちよりも若く、全員子どもを委託されたので、やはり年齢のことがあったのかもしれません。あの時、児童相談所から理由を聞かせてもらって、民間機関から迎えようと動くことができたので、よかったです。

　主人は実子以外の子育ての選択をすることには慎重で、いろいろ葛藤があったと思います。2人だけの生活でもいいという主人と意見が合わずに、私もこのまま進んでもいいのだろうかと葛藤しました。児童相談所から子どもを迎える場合は、子どもの情報があらかじめわかることが多いと思いますが、民間機関から迎える場合は、新生児という

ことも あり、わからないことが多いと思います。私は一直線に突き進む性格でしたが、主人は、「児童相談所に子どもとのクッションになってもらいたい」という気持ちがあり、民間機関での登録を躊躇していました。

でも年齢を考えると、迷ってもいられないので、私が主人を民間機関の説明会に連れて行きました。そして2件目の民間機関の説明が自分たちにしっくりときたので登録しました。登録時に「可能性がある子がいます」と言われて気が楽になり、ある程度、落ち着いて待つことができました。数ヵ月後に「お宅に決まりました」と連絡があり、それから間もなく、子どもを迎えることができました。

私は不妊治療が成功しなかった時に備えて、子育てについてあまり考えないようにしていました。不妊治療を終えて、子どもの紹介を待っていた時も、確実に迎えられるわけではなかったので、子育てのことを考えることができませんでした。そういう心の状態だったので、児童相談所で研修を受けたり、週末里親をやれたのはよかったです。また、不妊治療時代の友人たちが一歩先に子育てを始めていたので、いろいろ教わることができて助かりました。事情を知っている仲間たちなので気が楽です。子どもを迎えた時は近所に「養子を迎えました」とあいさつに回りました。びっくりしながらも喜んでもらえました。あいさつに行かなかったご近所さんがお祝いをもってきてくれたこともありました。周りから祝福してもらえて、嫌な思いはしたことがありません。

子どもがきた当日に住民票の転入手続きをしました。扱いは「同居人」でした。その住民票をもって子ども1人だけの国民健康保険の健康保険証をつくりました（まだ扶養に入れなかったので）。また、児童手当ての手続きをして、母子手帳を新たに発行してもらいました。小児科の先生には養子のことを初診時に伝え、診察の順番が回ってきて名前を呼ぶ時は私たちの名字で呼んでほしいとお願いしました。間違えないよう、病院事務の方が診察券に私たち夫婦の姓を書き込んでいました。薬局でも同じことをお願いしました。

地元の子育て支援センターでは、生後5～6ヵ月の子どもの親を対象に、手遊びや離乳食、発達の話をしてくれました。そこで近所のママたち数人と友達になりました。親しくなると、養子であることを隠すのは難しくなります。友人たちはみんな良い人で、今後も付き合っていきたかったので、みんながうちに遊びにきた時に、「実は私は子どもを産んでいないんだ」と伝えました。友人たちの反応は「最近よく、養子縁組の話題をテレビでやっているよね」とあっさりしたものでした。みんなそれぞれに不妊治療の経験があったりして、お互いの関係が深まり、気も楽になりました。

子育てが始まって、今までこんなに人から求められたことはないと感じます。男性からも……です（笑）。必要とされてしあわせを感じるし、子どもをしあわせにしなければと思います。養子だけど、子育て自体は他の人と同じです。ただ心配なのは、真実告知をどうするか、子どもは真実告知を受け入れてくれるのかということです。養子縁組家庭の集まりや里親と養親のためのサロンでの先輩の話はとても参考になるので、いろいろなパターンを聞いておきたいと思います。そして、子どもが幼稚園に入園する頃までに、どういう形で告知するか考えておきたいです。

養親になることは、簡単な道のりではないので、安易には勧められません。夫婦間で養子縁組に対する温度差があると難しいし、年齢以上の体力が必要です。それでもどうしても子育てしたいという気持ちがあるなら、いろんなハードルを乗り越えられると思うし、怖がる必要もあきらめる必要もありません。希望を失わないで、里親や養親の勉強したり、週末里親の経験をしてみたり、新聞記事に目を光らせていたことが、すべて今の自分につながっています。その場、その場で出会った人とのつながりを大事にしたおかげで、子どもを迎えることができたと思っています。みんなが子どもを可愛がってくれて、うれしいし、毎日がとても楽しいです。人との付き合いが広がり、生活が豊かになりました。私の両親も子どもから元気をもらっています。

養子縁組を考えているなら、今できることを一生懸命やればいいと思います。夫婦の温度差についてもみんなが励ましてくれました。養子を迎えるということは家族にとっても大変なことなので、養子を迎える前から、家族や友人など周りの人とのつながりを大切にしたほうがいいです。

養子を育てる人に対して、聖人のような立派なイメージをもつ人もいるかもしれませんが、私たち夫婦はそんな立派な人間ではありません。笑って、泣いて、育てて、普通に暮らしています。苦労して迎えた子どもだからといって気張らずに、太古の昔から脈々と続いてきた子育てに参加していると思えば、勇気が出ます。子どもを迎えたいという強い気持ちがあれば、一歩を踏み出してみたらいいと思います。

〈体験談④〉

「孤立しがちな気持ちと状況を支援で乗り切って」——A・M

私は結婚が早かったので、しばらくは夫婦2人でいいと思っていたのですが、結婚3年後くらいから、子どもが欲しいなと思い始めました。30代前半に不妊治療を始めて、体外受精は10回近くやりました。その間、婦人科系の病気の治療もして、その後、妊娠したものの流産になりました。流産は全部で3回経験しました。最後の流産後、気持ち的に治療はもう続けられないと思いました。それでも治療をスッパリとやめるという感じではなく、不妊の気持ちを振り返りつつ、整理しつつ、気持ちが養子縁組に向いていきました。

養子縁組については、夫は自分より慎重で、親戚のことを気にしていました。ですが、ある時、民間機関の話を夫婦で聞きに行き、夫は代表の方の話に共感したようでした。私たちはその民間機関に登録するとともに、里親登録もしました。里親登録したのはその民間機関に勧められたからで、事務的に淡々と登録が進み、認定されました。民間機関に登録してから7ヵ月くらいしてから、紹介したい赤ちゃんがいると連絡がきました。その時は舞い上がった気持ちだったけれど、「生母さんの気持ちが変わるかもしれないから」という説明もあり、まだ生まれてもいなかったので、不安でした。今まで体外受精に失敗し、何度も流産して、期待してはショックを受けてきたので、喜びすぎないように気をつけました。

子どもが生まれた時は、生母さんががんばって出産した様子を看護師さんから聞くことができました。生母さんはその時の事情で、1人で出産したので、同性として、1人での出産はつらかっただろうな、子どもを託す気持ちは切ないだろうなあと感じました。実際に病院で赤ちゃんを見た時は、こんなかわいい子が自分の子どもになってくれると思ったら、うれしくて涙が出てきました。赤ちゃんの体調のこともあり、赤ちゃんと一緒にしばらく入院しましたが、知らない土地の病院だったので心細かったです。今まで不妊の勉強ばかりしてきたけれど、赤ちゃんのことはわからないまま、いきなり、母として子育てすることになったのも心細かったです。入院中のほかのお母さんと自分は違うと感じた場面もあり、つらかったこともありました。寝不足もあり、ナーバスになっていたのかもしれません。

無事に家に連れて帰ったあとは、近所の人に子どもを迎えたことを伝え、おめでとうと祝福してもらえました。ですが、いきなり子育てが始まったこともあり、近所のママたちと会うような児童館には行きたくない、出産の話題が出るような場所にも行きたくないと思いました。このままでは、親子で家にこもってしまうことになるので、里親養親を支援してくれる機関からベテランの里親さんを紹介してもらって会ったり、里親や養親なら誰でも参加できるサロンに出向いたりして、徐々に行動の範囲を広げることができました。地元ではファミリーサポート(注)や保育園の一時保育を利用して、自分に余裕をもつことができました。

特別養子縁組の申請は子どもを迎えて半年経過した頃に始めました。まず夫婦で家庭裁判所に行き、これまでの経過と暮らしぶりを話しました。家庭裁判所の方々は話しやすく、いろいろ配慮してくださり手続きはスムーズに進みました。民間機関も家庭裁判所に調書を提出してくれたり、書類の書き方を教えてくれたりして、サポートしてくれました。家庭裁判所は家庭訪問にもきて、赤ちゃんの様子や暮らしぶりを見て帰りました。その後、問題なく手続きが進み、申請から5ヵ月くらいで特別養子縁組が成立しました。名字が同じになった喜びは大きく、ずっと一緒にいられるという安心感でほっとした気持ちでした。生母さんとは民間機関を通して間接的にもかかわることはないけれど、しあわせになってもらいたいと願っています。

【注】
ファミリーサポート……育児支援をしてほしい人と支援したい人が会員となって、地域のなかでお互いに助け合う制度。

〈体験談⑤〉
「〝産んでくれたママ〟について子どもと語り合う」――N・S

私は40代前半で結婚したので、子どもは欲しかったのですが、妊娠は難しいだろうと思っていました。結婚する前、夫は「里親になるとか、養子を迎えるというのもありだよね」と私に言ったことはありました。その当時は、特別養子縁組について知識がなく、子どものための制度であるとも知らなかったので、自分の老後の世話をしてもらうために子どもをもらうのは安易で、子どもに対して失礼だと思っていました。だから、「それはどうかな」と懐疑的な返事をしました。子どもがいない人生も十分ありだと思っていました。

結婚してからしばらく経って、民間機関の特別養子縁組の取り組みを知りました。きっかけは、赤ちゃんを迎えたばかりの養親と知り合ったことです。養親と知り合った翌年、また、その家族と再会する機会がありました。すごく自然な親子の姿はどうみても家族でした。私自身、「やっぱり子どもができなかったなあ」と思っていた頃だったので、子どもを育てさせてもらえる道が残っているのだとしたら、年齢的に早くしないと間に合わないと感じました。

ある民間機関に問い合わせたところ、里親として認定されていることが必要だったので、まず、里親登録をすることになりました。登録に向けて行動し始めたら、ちょうどその民間機関から「子どもを紹介できそうだ」と言われました。今度はそれを児童相談所に伝えたところ、「じゃあ登録は必要ないのではないですか」と言われましたが、里親登録をしたい意志を伝え、研修に進みました。

今から思うと、里親研修で社会的養護のことを学ぶことができてよかったです。私は何かあるたびに自分の母に相談してきました。研修ではじめて児童養護施設に行きましたが、そこの子どもたちは何か困った時、人生を通して同じ人に相談することができるのだろうかと考えてしまいました。

結局、里親認定と同じタイミングで民間機関から子どもの紹介がありました。子どもを迎えたいと思ってはいても、本当に子どもの紹介があるかどうかわからないし、半信半疑な気持ちだったので、里親研修以外の準備は特にしていませんでした。

養子を迎えたいと民間機関に問い合わせた時点で、仕事はフルタイムからパートに変えました。子どもを迎えてからしばらくは、勤務先に在籍したまま、仕事を休みました。仕事復帰後の生活は、職場の近くに託児所があったので、そんなに大変ではありませんでした。両親は遠方だったり高齢だったりで、子育てを助けてもらうことはできない分、職場に理解があり、とても恵まれた環境にありました。職場の休憩時間に子どもの顔を見に行くこともできたし、保育士にもアドバイスをもらうことができて、子育てを１人で抱え込むという状況にはありませんでした。子どもは今、幼児で地元の保育園に通っています。朝、職場に遅刻しないよう、保育園に連れて行くのが大変ですが、養子だから子育てが難しいということは今までありません。今は自分で出産したお母さんと悩みは一緒だけれど、これから子どもがもっと大きくなると特有の悩みが出てくるかもしれません。

告知に関しては、子どもが小さいうちは、胎内記憶があると聞いていたので、1歳半の時に、本人におなかのなかにいた頃の記憶があるか聞いてみました。子どもは両手で小さな環をつくって「こんな感じ、大きくなってこんな感じだった」と小さな環と大きな輪をつくって見せました。そして、「ママがオーイと声をかけてくれたから、さびしくなかった」と言いました。「でも、そのおなかはこのママのおなかじゃないんだよ。産んでくれたママのおなかなんだよ」と言いました。まだ小さかったので反応はありませんでした。その後、2歳くらいの時、「このママ（私）がいい」と何度も言いました。時々、産んでくれたママの話をしていたのです。さらにそのあと、「このママがいい」から「このママでよかった」とニュアンスがちょっと変化していきました。「ママも産みたかったな」と返事をしました。

生母のことは、〇〇ママと呼んでいて、「〇〇ママ、今、どこにいる？」と子どもに聞かれたことがあります。今会いたいと言うので、「もっと大きくなったら会えるように頼んであげるね」と答えたら、それで納得しました。〇〇ママはどんな人なんだろうと考えているようです。近所、親しい人、保育園には養子であることを伝えています。

最近、養親の集まりに参加するようになりました。そこで知り合いができ、子ども同士も仲良くなりました。ママが2人いる子が他にもいることを知る機会になっています。

私は自分を穏やかな人間だと思っていましたが、子育てが始まってからは、大きな声を出したり、イライラしたりすることがあるので、自分にこんな部分があったの？　と驚きました。でもそれ以上に、子どもの成長や反応にはびっくりすることばかりです。その場、その場の子どもの成長をしっかり見届けて楽しみたいです。私にできるんだから、ほかの人にもできると思います。子どもを迎えていなかったら、今どうしていたかなと想像することがあります。お金はたまったかな、夫と旅行していたかな。でも、子どもを迎えて、人との出会いやお付き合いが広がりました。若いママと知り合うこともできたし、子どもを抱っこしているだけで、声をかけてくれる人もいるし、子どもを迎えたことに感謝しています。

子どもを迎えてからも、里親登録は続けています。もし自分にできるなら短期でもいいから里親をやる機会があればいいなと思っています。

次に紹介するのは、養育里親という選択肢に進んだT・Iさんと国際結婚のカップルで養子縁組里親になったY・Jさんの体験談です。再婚、２人目不妊、国際結婚などさまざまなバックグランドをもつ方々の体験談をお届けします。

〈体験談⑥〉

「子どもを連れて再婚後、２人目不妊を経験して養育里親の道へ」――T・I

私たち夫婦はステップファミリーで、主人は初婚、私は実子を連れての再婚でした。主人は私との間に子どもを望んで、私は不妊治療を受けましたが、子どもには恵まれませんでした。

主人は無条件で自分のことを愛してくれる子どもが欲しい、そういうことを体験したいと言っており、私が小さい子の相手をしている姿を見るのが好きだったそうです。この時はまだ具体的に里親という言葉は出ていませんでした。私はなかなか授からないことでプレッシャーを感じており、主人に対して「私と子どもとどちらが大切なの？」と考えてしまい、それで喧嘩になることもありました。そこで、私のほうから「里親になるという手もあるよね」と言いました。主人は「いいの？　ずっと考えていたけれど、自分からは言い出せなかったんだ」と言いました。言い出したのは私でしたが、子育ての大変さは十分にわかっていたし、しかも、血のつながらない子をわが子として愛せるかどうか自信がなくて、発言を取り消したい気持ちになりました。正直、主人が私の言葉に飛びついてくるとは思わなかったのです。

主人は私の実子にとてもよくしてくれて感謝していたので、主人のためにも里親にならなきゃいけないかなと思う一方で、迷いがありました。主人は子育て経験がなかったので、「子どもは自分の思い通りにならない」ということを1年間かけて話し合いました。その時も、里親制度のことはよくわからなくて、里親制度イコール養子縁組だと思いこんでいました。里親制度をインターネットで調べましたが、それでも養子縁組とは別だということにピンときませんでした。

役所に行って、里親になりたいと言ったところ、里親が体験発表する講座があるので、参加してはどうかと勧められました。役所も里親に関してはよく知らないようでした。講座に夫婦で参加して、体験談を聞きましたが、障害のある子どもの養育の話だったので、これは大変だと思いました。また、そこで、里親にぴったりとくっついて離れない幼児の姿を見ました。とても難しそうな子どもだと思いましたが、親が必要なんだなということがわかりました。できるかできないか不安だったけれど、やってみようという結論になりました。実子にも里親の件を話しました。実子の反応は、賛成とも反対とも判断がつきませんでした。

里親認定されたあと、年齢が低い子のほうが育てやすそうだったので、そう希望したけれど、それが叶うかどうかわからない、いつ子どもの紹介があるかもわからないという児童相談所の返事はショックでした。でも、実際には認定から1ヵ月後に1歳過ぎのA君の紹介がありました。その時は悩んでいたことがうそのようにうれしかったです。実子の反応は、現実味のないような感じで「ふーん」程度でした。A君に飛んで行って会いたい気持ちだったけれど、実際に会えたのは、10日後くらいでした。写真で見たA君はお世辞にもかわいいと言えず、写真映りが悪いのかなと思いました。でも、面会してみると、写真通りの無表情な子どもが目の前にいました。無表情がとても気になり、これからA君を笑顔にしてやれるかな、笑顔を見たいなあと思ったけれど、A君にかかわる不安もありました。交流が始まると、A君は私を避けるような感じだったので、ほかの子どもたちと遊んで、A君が近寄ってくるのを待ちました。そのうち近寄ってきたので、赤ちゃん遊びをして、過ごしました。交流実習は全部で20回くらい。はじめての面会から1ヵ月半後に、委託になりました。

交流の時の話に戻りますが、A君の様子に違和感をもったことがあります。乳児院から外出しても、駄々をこねず、おとなしくていい子すぎて、年齢に見合った子どもらしさが欠けていました。この時点で、A君は発達障害ではないかと感じましたが、児童相談所は健康で問題ないと言っていました。不安はあったけれど、断る理由も見つからずにわが家に迎えました。

一緒に生活してみると、単調な行動の繰り返しがあったり、自分の頭を床に打ち付けたり、抱っこされるのが苦手だったり、添い寝も苦手でした。一般的に子どもが望むとされていることを、A君は望んでいないようでした。触れられることを気持ちいいと思ってほしかったので、A君が心地よく感じられるような触れ合いの時間と方法をあれこれ考えました。その効果が出始めたのは1年後です。ようやく抱っこで寝てくれたり、一緒の布団に寝たがったり、ケガをしたところを痛いと見せにきたり、子どもとして当たり前の行動がでるようになりました。それまでは、小さい可愛さはあったけれど、よそよそしい可愛さでした。私も、A君の寝姿や寝顔をみて、愛おしいという気持ちをもてるようになりました。主人にとってははじめての子育て経験だったので、私のような違和感はなかったようです。それは主人とA君の双方にとってよかったです。夫婦２人そろって不安になっていたら、それがA君にも伝わっていたと思います。初めから「わが子」とは思うのは難しいことです。悩んだり困ったり喜んだり楽しんだりする時間を一緒に過ごすことによって少しずつ、親子になっていくんだと思いました。

子育てがうまくいかない時、例えば、A君が泣き止まない時などは、自分のかかわり方がいけないという考えになって、負担を感じることがありました。でも、A君の親は自分以外にいないので余計なことを考えず、今、A君にとって何が大切か考えることに時間を使うようにしました。

A君は長期の委託で、養育里親として引き受けました。生みの親の存在は家族全員で、「生んでくれた大切な人」という思いでいます。里親になることに賛成も反対もしなかった実子は、一緒に生活しているうちに、きょうだいとしての気持ちが育まれたようです。A君を迎えた時に学生だった実子は今、社会人になりました。出かけるたびに、親にはなくてもA君には土産を買ってきます。どこかに一緒に出かけた時には、自分の膝にA君を乗せたり、遠慮なくきょうだい喧嘩もします。

里親養親になったら、悩んだり考えたりすることも親子になるのに必要なこととして、楽しんで勉強して充実した時間を過ごしてほしいです。笑顔はあとからついてきます。お母さんは家族の太陽になってください。

〈体験談⑦〉
「国際結婚の私たちが日本で里親登録し、子どもを迎えるまで」――Y・J

私は20代半ばで結婚し、出産を意識し始めたのは10年くらい経った30代半ばの頃でした。その時点から数年は治療しないで自然に任せましたが、なかなか妊娠しなかったので、不妊治療を始めました。40代半ばになった時、自分と夫の年齢を考えて、これ以上治療を続けて妊娠できたとしても、体力的に出産し、子育てをするのは無理があると思い、不妊治療をやめました。納得して治療を終えたので、治療への未練はありませんでした。

不妊治療を終えるとすぐに里親登録をしました。私はアメリカで国際結婚をしたので、10年間向こうで過ごし、「自分は養子です」と言える子どもたちの様子を見てきました。また、血縁関係のない家族が親子関係を十分に成立している状況を見てきたので、血縁にはこだわることはありませんでした。私の夫はアメリカ人で日本人とは肌の色が違い、迎える子どもが日本人なら親子の顔が明らかに違うことになります。でも、子どもが欲しい気持ちのほうが大きく、最初から、どんな子でもうちにきた子がうちの子だという意識がありました。国際結婚だからといっても、里親登録にはまったく問題なく、受け入れてもらいました。また当時、私たちに先んじて、アメリカ人の女性が地元の児童相談所で子どもを迎えて養子縁組をしていた状況でしたので、むしろ、背中を押してもらった感覚でした。児童相談所としても、「今までとはパターンが違う、新しいタイプのカップルが登録するんだなあ」くらいの気持ちだったのではないでしょうか。

登録して子どもの紹介を待っている間に、民間機関にも登録しました。そこは偶然、人から紹介してもらったところで、ホームページを見て申し込んだというわけではありませんでした。登録方法は申込書に記入し、子どもへの思いを書いて、送るというシンプルなものでした。毎月、その民間機関に寄付金を払うことになっており、寄付金の金額はこころざしで、寄付金額は決まっていませんでした。結果的に児童相談所から先に子どもの紹介がきたので、退会に至りました。

児童相談所から子どもの委託打診がきたのは登録から1年間半後のことで、子どもは0歳児でした。この間、里親会や児童相談所の行事に参加して、養育する意志があることをアピールしていましたが、なかなか打診がこなかったので、就職を決めました。ところが「いよいよ来週の月曜から勤務開始だ」というタイミングで、児童相談所からついに連絡がきました。仕事をやる気満々だったので、動揺しましたが、「子育てするならこれが最後の機会、今しかない」と思いました。会社には里親登録中でいつ委託があるかわからないことを事前に伝えていました。実家の母親も育児を手伝ってくれるし、保育園もあるだろうし、まさか乳児が委託されるとは思わず、就職しても大丈夫だろうと面接を受けたのです。初出勤直前になって「働けません」とはいえず、とりあえず出勤しました。

1週間勤務したあと、「思いがけず小さな子どもの委託打診があったので、仕事を続けるのは難しい」と伝えました。仕事をトレーニングしてくれた方自身、不妊の可能性が大きいことに悩んでいたこともあり、会社に理解してもらえることができました。その方は養子縁組という子育ての選択肢に将来的な希望を見出してくれたようです。会社には面接の時に里親委託の可能性を伝えておいてよかったです。子どもを優先させようと考えていたので、退社イコール自己犠牲と考えませんでした。その後、仕事を再開したのは、子どもが幼稚園に入ってからです。子どもが進級するたびに仕事量を増やしていきました。延長保育や早朝保育を使いこなし、職場の理解もあったので、なんとか乗り切ることができました。

はじめて子どもに会った時は、正直、「あ、この子なんだ」と思った程度で、初めから情が湧いてくることはありませんでした。出会った当初は、子どもの顔の輪郭がはっきりせず、ぼーっとしていた印象でした。でも最後のチャンスだし、あとに引けないし、事は着々と進んでいきました。不思議なことに、乳児院で子どもとの交流が始まると、子どもの雰囲気が夫の雰囲気に似てきたような気がしました。乳児院の先生たちも同じ意見でした。初めのうちは職員に抱かれた子どもの顔の輪郭が、なぜかぼやけているような感じでした。しかし、交流を続けていくうちに、「私たちの子」という雰囲気が子どものほうから発せられるように感じました。子ども自身が私たちに出会うことで、自分のアイデンティティを主張し始めたかのようでした。その雰囲気に私たちも強く惹かれて、愛おしいと感じるようになりました。私が子どもと接している姿を夫が見て、"You love him."と言いました。その言葉に「あ、これが愛情というものなのだな」と気づきました。子どもから伝わってくるものに自分が反応し、愛着の相乗効果になっていったのかもしれません。

私たちも年齢なりの人生経験があったし、夫婦の気持ちとして、準備オッケーで、子どもに対しては、「よく生まれてきたね、うちにくればいいことがあるよ」という思いでした。夫婦で困難を乗り越えてきたし、「子育てはできる」という根拠がないある種の自信がありました。その自信があったから、子どもを迎えることに進んでいけたのだと思います。根拠のない自信というのは、人知の及ばない不思議なつながりからきているのかもしれません。だから、はじめて会ったその場で愛情がすぐに生まれなくても、自信はあったし、「よく生まれてきたね」という気持ちになり、そのうち交流している間に愛情に変わっていったのだと思います。というわけで、気持ちの焦りはありませんでした。

子どもを迎えた当初の周囲の反応は、「国際結婚だけど、子どもの顔は日本人なんだね」というものでした。顔は日本人でも、周囲は子どもをハーフだと思っていたようです。近所の人には１人ひとり、「この子は児童相談所から預かっている子です」と紹介しました。私たちが住んでいる場所は田舎なので、田舎ならではの苦労があり、変な話をつくられないように、丁寧に話さなければならない人もいました。正直なところ、あとのことは、個人がどう受け取るかの話で、人から人へどう伝わっているのかはわかりません。

子どもが幼稚園に通っていた頃は周囲の冷たさに気づいていましたが、当時は、仕事の忙しさでごまかしていました。しかし、それが、子どもの友人関係にも大きく影を潜めていたと知ったのは、子どもが小学校に入ってからでした。最近になって本人に聞いたところ、次のようなことを教えてくれました。「幼稚園の頃は、同級生は誰も遊んでくれなかった。だから寂しかった。でも先生たちが大好きだったから、園には通えた」。

先生からはずっと「やさしい子」と言われていましたが、本人はこのように非常につらい思いをしていました。今から思えば、アメリカ在住時に、日本在住経験のあるアメリカ人が日本批判をよくしていました。それは、「外国人であるという理由で、仲間はずれにされる」というものでした。まさか、日本人の私が子どもをめぐる環境下で、同様の思いをするとは思いませんでした。しかし、外国人を配偶者にもつこと自体がすでに、そうしたことの対象になっていたのです。もちろん、地域差はあるかと思いますが……。外からしあわせそうに見えると、それに見合う荷物を背負う覚悟も必要なのかな、という思いでした。ただその後、子どもはつらい経験をバネにして、人の気持ちがよくわかる子どもに育ってくれています。

今現在、特別養子縁組が成立して、子どもの姓はアメリカ人の夫の姓になりました。自分の名字がカタカナなので、どうしても学校で目立ちがちで、漢字のほうがよかったという気持ちはあるようです。ただ、これからアメリカ人と日本人の子である、という事実を前にして生きていくために、私たちができることは夫のファーストネームをミドルネームとして付けて、私たちの子としてのアイデンティティを確立することでした。改名は難しいことのようでしたが、子どもの将来を裁判所も考えてくれたようです。しかし、姓の問題で我々にできることはそこまでです。あとは、すべて本人の生き方次第です。見守っていきたいと思っています。

家族3人での会話は日本語、英語のちゃんぽんです。夫と子どもは英語、私と子どもは日本語を使っています。将来の子どもの生活基盤が、日本になるか、アメリカになるかは子どもにまかせます。小学生になった子どもは自分について「日本人なの？　アメリカ人なの？」と聞いてくるので、「マミーは日本人で、ダディはアメリカ人だから両方だよ」と答えています。ルーツに関しては、「マミーからは生まれていない」と伝えています。「マミーから生まれていない」ということは、イコール、「あなたを産んでくれた女の人が、子どもが授からなかったマミーを助けてくれて、あなたを届けてくれたんだよ」ということなのです。それを子どもが理解してくれることを強く望んでいます。

いろいろ経験しましたが、外国人と結婚して実子はなくとも、養子を迎えることができて、今はとてもしあわせです。

第4章

子育てが始まってから

子どもを迎えてしばらくの間は、やらなければならない手続きのオンパレードになります。

1　児童相談所から子どもを迎えた場合

（1）必要な手続きやスケジュールの確認

住民票の転出・転入

正式に委託が決まると、市区町村役場で、住民票の転出・転入の手続きをしたり、予防接種を受けるなど急いで済まさなければならない手続きがあります。地域の里親会によっては役場の児童福祉を担当する部署（子育て支援課、児童福祉課、子ども支援課など）と交流や連携があり、手続きがスムーズにいくよう配慮してくれることがあります。その場合は、担当部署に「子どもを迎えることになりました。これからよろしくお願いします」とあいさつに行ってみるといいと思います。

住民票には「同居人」または「縁故者」として記載されることになりますが、ぜひ、「縁故者」としての記載を役場にお願いしてください。養子縁組前提での委託であれば、特別養子縁組が確定すれば、住民票の記載が「子」になるし、子どもはまだ幼くて自分で住民票を見ることもないから、「同居人」でいいという考えもあるかと思います。でも、養子縁組をしない養育里親と子どもたちの気持ちに思いを寄せると、子育てしたい大人と家庭を必要としている子どもが縁があって1つ屋根の下で暮らしているのだから、「同居人」よりも「縁故者」のほうが適切な言葉だと思うのです。そして、「縁故者」の記載を認めていない市区町村役場はまだまだ多いのが現状です。「縁故者」として記載されるよう、役場に働きかけていただけるとうれしいです。

施設へのあいさつと必要事項の確認

わが家の場合、乳児院にはまだ遊のごくわずかな私物が置いてあったので、荷物を引き取りに行きました。その時に、あらかじめ役場でもらってきた予防接種や乳幼児健診のスケジュール表を見ながら、今後のことを、乳児院とともに確認しました（予防接種には生みの親の承諾が必要な場合があるので、児童相談所にも確認します）。

その日が遊にとって乳児院とのお別れの日になり、職員の方々が玄関先まで出てきてくださり、お別れをしてくれました。柱の陰では遊を担当してくれた職員さんが号泣していました。私たち夫婦と遊がうまく関係をつくれるよう、交流期間は表に出ず、陰に隠れて、私たちを応援してくれた担当職員さんの気持ちを思うと、胸がいっぱいになり、遊を担当職員さんのところまで連れて行って、抱っこしてもらいました。遊は保育室ではほぼ無表情でしたが、担当職員さんがつくってくれたアルバムのなかではいつもニコニコと笑顔でした。限られた状況のなかで精いっぱい遊をかわいがってくれたことがありがたく、担当職員さんの遊に対する思いを引き継いでいきたいと強く感じました。

（2）児童相談所から届く書類の確認

措置通知書

委託が決まると児童相談所から措置通知書が送付されます。里親として子どもを委託されていることを証明するための書類です。

受診券

受診券は健康保険証の代わりとなるもので、委託が決まると児童相談所から渡されます。受診券は診察を受ける際、医療機関に提示します。保険診療であれば里親の負担はありません。

多くの医療機関では受診券の扱い方がわからず、事務処理に手間取るようです。受診券に児童相談所の電話番号が書いていない場合は、電話番号を書いたメモを渡し、「不明点は児童相談所に聞いてください」と告げるとよいです。里親と子どもの関係や受診券の扱い方について説明する文書を児童相談所が作成していて、手元にあれば、それを医療機関に渡します。

以前の受診券は、一般的な健康保険証よりもサイズが大きくて目立ちましたが、今は、カードサイズにしている自治体もあります。医療機関で、子どもの名前を呼ばれる時、生みの親の姓ではなく里親の姓で呼んでもらいたい場合は、その旨を窓口で伝えるとよいです。まわりに人が多くて、話しにくい時は、その内容をメモに書いて渡すという手もあります。それでも通称名が使えないこともあります。

(3) 保育園・学校

保育園の利用

保育園の利用を認めていない地域もあり、児童相談所に問い合わせが必要です。通常保育を認めていなくても、一時保育であれば利用を認める場合もあります。

学校の転入手続き

児童相談所に確認しながら手続きをします。里親制度に馴染みのない学校へ子どもが入学・

転入する場合は、手続きをスムーズにするために児童相談所の職員が里親に同行してくれることもあります。

子どもの生活費と教育費の支給

養子縁組里親には、子どもの生活費が支給されます。一方、養育里親に支給される里親手当は養子縁組里親には支給されません。

（4）委託後の児童相談所とのかかわり

児童相談所と必要に応じて連絡を取り合います。委託当初は子どもの様子を見に、児童相談所の家庭訪問があります。わが家の児童福祉司さんも、子どもが順調に家に馴染んでいるか、私たち夫婦に悩みがないか気にしてくれて、何度か様子を見にきてくれました。困った時だけに児童相談所に連絡をするのではなく、機会があるたびに日頃から普段の生活を伝えておくと、あとで困った時に適切なアドバイスをもらえると思います。

（5）子どもと生みの親との交流

養子縁組里親のもとで生活している子どもと、生みの親が交流する話は聞いたことがありません。

(6) 里親の一時的な休息のための援助（レスパイト・ケア）

里親が一時的に休息を取るための援助をレスパイト・ケアといいます。レスパイト・ケアを使いたい時は児童相談所に申請して、受け入れ先を探してもらいます（乳児院・児童養護施設・里親家庭）。レスパイト・ケアが使えるのは年に7日以内です。近隣の里親家庭と親子で普段から親しく交流しておき、受け入れ先になってもらえれば、子どもへの負担も少なくて済むでしょう。

(7) 里親賠償責任保険

子どもを委託された里親は、事故に備えて里親賠償責任保険に加入します。例えば、子どもが他人にけがをさせたり、他人の器物を壊すなどして損害を与えた時や、里親の過失で子どもがけがをした時などです。保険の加入については、委託時に児童相談所から説明があります。

(8) 子どもとの関係がうまくいかない時

里親と子どもの関係がうまくいかずに里親委託が解除になることを不調といいます。児童相談所と里親が話し合いを重ね、子どもの様子を見て、お互いに離れたほうがよいと判断したら委託が解除になります。この場合、子どもは施設に入所するか、別の里親家庭に委託されることになります。不調は子どもの心を深く傷つけてしまいますが、里親の心も傷つけます。児童相談所は子どもと里親のマッチングを慎重に行いますし、里親も子育てに努力しますが、それでも不調は起きてしまうことがあります。

2 民間機関から子どもを迎えた場合

子どもとはじめて面会する場所は生母が出産した産院や、養親の自宅(民間機関のスタッフが子どもを自宅に連れてきてくれる)などです。迎えたあとの手続きは、民間機関のアドバイスに従います。

（1）市区町村役場での手続き

- 住民票の転入手続きをします
- 同居児童の届け出をします（届け出のための用紙がどこで手に入るか、あらかじめ、役場に確認しておくことをお勧めします）
- 子どもの医療費受給証や児童手当の手続きをします
- 母子手帳を新たに発行してもらう場合、保険センターに依頼します

一連の手続きを済ませると、管轄している地域に新しく子どもがきたことを把握した児童相談所の職員や役場の保健師が家庭訪問にきてくれます。子育てに関することや健康に関することでわからないことがあったら聞いてみましょう。

（2）健康保険の加入

養父の健康保険が社会保険の場合の扶養手続きは、養父の職場の担当者に問い合わせます。

すぐに加入できる場合と特別養子縁組が確定して入籍するまで加入できない場合があります。入籍まで加入できない場合は、子ども単独で国民保険に加入します。

(3) 特別養子縁組の申し立て

家庭裁判所に特別養子縁組の申し立てをします(申し立てる時期は、迎えてすぐ、10日後、半年後など、家庭によって異なります)。そのあと、家庭裁判所から調査のための呼び出しがあります。家庭裁判所に出向くだけでなく、調査官が子どもの様子や生活を見るため、養親宅を家庭訪問します。

(4) 生母との交流

生みの親と養親家族が直接交流することはありません。手紙や写真のやりとりをする場合は、民間機関を介して行います。

3　地域での子育てについて

近隣との関係

わが家の場合、遊がはじめて外泊することに決まって時点で、近所の方々に事前に「里親になることになり、家族が増えることになりました。これからよろしくお願いします」とあいさつをしました。「このたびはおめでとうございます」とお祝いを言ってくれる家、「お疲れさまです」と、微妙な返事をしてくれた家、「児童相談所からお迎えしたの？」と喜んでくれた児童相談所での勤務経験がある方の家など、おおむね好意的な反応をもらいました。友人、知人にも「里親になりました」と報告すると、大事な事情をシェアされたと感じることが多く、「私も養子なんです」とか、「母は継母だけど、私にとっては正真正銘の母です」とか「親友が遊ちゃんと同じ乳児院の出身です」という大事な話をしてくれる人もいました。あいさつをした家は7軒ほどですが、この7軒のお宅からさらに近所にどのように情報が広がったかは私にはわかりません。遊を迎えてしばらくして、近所の公園に遊びに行った時、遊と同じ月齢の子どものお母さんに会いましたが、「あれっ？　この辺でウチの子と同じ月齢の子なんていたかしら？」と首をかしげていました。そのお母さんがどの家にお住まいなのかわかっていれば、軽く里親だと話せたのですが、わからなかったので、公園を早々に退散しました。

市区町村の公共機関の使い方

母親学級や両親学級には参加していないし、地元で育児情報を交換できる知り合いもいなかったので、地域に積極的に出ていくにはちょっとした勇気が必要でした。子育ても育児本や人から聞いたことを頼りにしていたので、自信がもてませんでした。そういう状況から抜け出すきっかけになったのは、公立保育園の一時保育の利用でした。

日常的なことは保育士さんに聞いてアドバイスをもらいました。保育士さんには子育てのプロであると同時に子育て支援のプロでもあるので、自信のない母親を励まし、改善したほうがいいことは上手に背中を押してくれる役割もしています。私は保育士さんからいろいろ教わり、不安を解消することができました。同じ一時保育に子どもを預けているお母さんたちは仕事で忙しい人たちなので、「お疲れ様です！　おかえりなさい！」と声をかけ合う程度の付き合いで、個人的なことに踏み込まれることはありませんでした。そのうちもう少し親しくなると、幼稚園情報など、役に立つ情報も交換できるようになり、地域で育児支援を受けていることに感謝できるようになりました。

地域には図書館や児童館のイベントや、子育て支援センターの広場、幼稚園や保育園の園庭開放、ファミリーサポートなどさまざまな子育て支援があるので、市区町村役場などで情報をもらうとよいと思います。子育て支援センターは未就園児親子（おもに０～３歳）がメインの利用者です。同じ年齢を対象にしたプログラム（０歳児親子対象など）で仲良くなったお母さん同士の会話は「どこ（どの病院）で産んだ？」「出産、どうだった？」など、里親養親家庭が苦手とする話題が多いので、地域の保護者とどのような付き合いをしていきたいか、考えておく必要があります。子どもについて個別に相談したいことがある時は、子育て支援センターの個別相談がよいかもしれません。その他、家庭児童相談室や教育センターなどでも子どもに関する相談を受けています。市区町村のインターネットサイトで、どのような子育て支援があるか、チェックしてみてください。

４　家庭を必要としている子どもたちの事情とニーズ

（１）生みの親と子どもの事情

里親家庭で暮らす子どもたち

　里親委託されている子どもは、どのような事情で養育里親や養子縁組里親と暮らすことになったのでしょうか。里親のもとで暮らす子どもについては5年ごとに厚生労働省が統計を出しています。ここでは平成27年の厚生労働省「児童養護施設入所児童等調査結果」で里親委託になった子どもたちの事情を見ていきます。

- 里親委託されている子どものおもな事情には、養育拒否、母の放任・怠惰、父または母の死亡、母の行方不明などがあります（表3）
- 里親委託された子どもの半数近くが家庭から里親のもとにきています（表4）
- 里親委託された時、子どもの52・2％に両親か、ひとり親がいました。「両親ともいない」割合は42・4％でした（表5）。さらにくわしく統計を見ると、「両親ともいない・両親とも不明」の子どもは祖父母が養育を行っている割合が高いという結果が出ています
- 表6にあるように、里親委託されている子どもの31・1％に虐待された経験があり、虐待の種類はネグレクトが多いという結果になっています
- 施設で生活している子どもたちの今後の見通しについては、乳児院では「現在の乳児院で養育される」が42・1％、「養子縁組または里親委託」が8・5％でした。児童養護施設では、「自立まで現在の児童養護施設で養育される」が55・1％、「養子縁組または里親ファミリーホーム委託」が1・3％でした（表7、表8）

表３　里親委託されている子ども（4534人）のおもな事情

養育拒否	16.5%
母の放任・怠惰	9.5%
母の死亡	8.9%
母の行方不明	8.6%
母の精神疾患等	7.9%
母の虐待・酷使	5.5%
破産等の経済的理由	5.5%
母の拘禁	2.9%
母の入院	2.9%
父の虐待・酷使	2.7%
父の死亡	2.5%

出典：厚生労働省「児童養護施設入所児童等調査結果」平成27年

表４　里親委託されている子どもの委託経路

家庭から	乳児院から	児童養護施設から	里親家庭から
47.0%	26.7%	16.3%	4.1%

出典：厚生労働省「児童養護施設入所児童等調査結果」平成27年

表５　委託時の子どもの保護者の状況

両親またはひとり親	両親ともいない	両親とも不明	不詳
52.2%	42.4%	4.0%	1.3%

出典：厚生労働省「児童養護施設入所児童等調査結果」平成27年

表６　里親委託されている子どもの被虐待経験の有無と虐待の種類

虐待経験あり　31.1%	虐待経験なし　61.7%	不明　6.7%	
虐待経験の種類（複数回答）			
身体的虐待	性的虐待	ネグレクト	心理的虐待
29.5%	5.0%	68.5%	17.2%

出典：厚生労働省「児童養護施設入所児童等調査結果」平成27年

表7　乳児院で暮らす子どもの今後のおもな見通し

保護者のもとへ復帰	親類等の家庭への引き取り	現在の乳児院で養育	児童養護施設へ	母子生活支援施設へ	養子縁組または里親委託
23.4%	0.9%	42.1%	19.7%	0.2%	8.5%

出典：厚生労働省「児童養護施設入所児童等調査結果」平成27年

表8　児童養護施設で暮らす子どもの今後のおもな見通し

保護者のもとへ復帰	親類等の家庭への引き取り	自立まで現在のままで養育	養子縁組または里親ファミリーホーム委託	現在のままでは養育困難
27.8%	1.7%	55.1%	1.3%	8.1%

出典：厚生労働省「児童養護施設入所児童等調査結果」平成27年

まとめると、里親委託されている子どもの半数以上に親がいて、養育拒否、父か母の死亡、放任などの事情により、里親宅で暮らすことになったということになります。

民間機関の支援を受ける生母

平成26年度『国内外における養子縁組の現状と子どものウエルビーイングを考慮したその実践手続きのあり方に関する研究』の調査によると、養親に子どもを託す決心をした生母の事情は、子どもの父親からのDVと妊婦・生母の親からの身体的虐待が最も多く、次に多かったのが知的障害を含む精神障害、続いて、アルコール・薬物依存、外国籍、レイプ後の妊娠、未成年などでした。そのほかにも、貧困、未婚、父親不明などさまざまな養育困難な背景をもっていることがわかりました。そのため、住居を用意したり、生活費や受診費などの経済的支援をしたり、シェルターに移動するための交通費や通信費などの支援を行っている民間機関もありました。

次のコラムに登場するのは、妊娠出産に悩む女性への支援に関する研究活動で、全国養子縁組団体協議会の白井千晶さんが出会って話を聞いた生みの親です。生みの親が子どもを養親に託すまでの困難や気持ちを少しでも知ってもらえたらということで、白井さんから本書で生みの親の話の一部を紹介することを許可いただきました（書籍に掲載するにあたって、内容を一部改編しています）。

Column

養親さんが私のことを家族だと言ってくれて、はじめて許された気がしました

妊娠がわかって自分の中に宿った人の命、これから始まる人生が自分の手の中にある重みを感じました。お腹の子の父親とは結婚を考えることができず、あるところに養子に出したいと相談したのですが、養子に出してからの子どもの様子を教えてくれないと聞き、私の気持ちとはちょっと違っていて、そのまま実家に帰って出産しました。

私の母は「愛があれば何とかなるから自分で育てなさい」と言いました。生活保護を受ける、働きながら1人で育てる、実家に帰るなど、いろいろ考えましたが、どれも現実的ではない気がしました。児童養護施設も選択肢にあったのでインターネットで調べました。親の愛情が必要な時に施設で育つことについて調べたところ、施設の方も1人ひとりに愛情をかけたいと思って努めているんでしょうけれど、明るい情報が入ってきませんでした。そして1人で育てるか、実家に戻って育てるかという選択肢になりました。実家から離れて1人で育てることを考えた場合、子どもを預かってくれるところがあるのかわからず、いつかは立ち行かなくなってしまうのではないかと思いました。

出産後、ある民間機関に相談をしました。そこでは、民間機関経由で子どもの写真を送ってくれるとのことで、しあわせに暮らしている様子が私にもわかると思いました。お父さんとお母さんがいて、子どもに愛情をかけてあげられる環境が用意されている。子どもを手放すことに罪悪感がありましたが、養親さんが私のことを家族だと言ってくださって、はじめて子どもを託すことを許された気がしました。

〈体験談⑧〉

「いろんな国の人に里親・養親になってほしい」――M・U

私が養育里親として育てているBちゃんの両親は2人とも外国人です。Bちゃんは特別養子縁組が必要な子どもでしたが、養親候補が見つからず、養育里親の私たち夫婦に託されました。私たち夫婦は子育て経験を生かして里親登録しました。私たちにBちゃんが紹介されたのは、事前に子どもの国籍を問わないと児童相談所に言ってあったからだと思います。児童相談所に希望を聞かれた時に、かなり具体的に「国籍が違ったらどうしますか」と聞かれたので、肌の色が違う子がくる予感がありました。なので、紹介された時は「やっぱりそうだったんだ」と、すんなりと受け入れました。

Bちゃんは生みの親の国民性を引き継いでいるような陽気な子で、乳児院でかわいがられて育ちました。乳児院から児童養護施設に移る前の段階でわが家にくることになりましたが、乳児院に会いに行くたびに、私たちが里親であることを敏感に察して、乱暴な言葉で私たちを拒否しました。それでもめげずに、「あなたが大切、大好きだよ」と言いながら抱っこして、面会時間を過ごしました。

交流は乳児院の都合で少し長めになりましたが、無事に委託にこぎつけました。Bちゃんは家にきて3日後にはパパママと私たちをとても慕ってくれるようになりました。自分をさらけだして、いたずらやわがまま放題でした。私たち夫婦がBちゃんにとって安心できる人と認定されたからかもしれません。

肌の色が違って目立つので、ご近所には前もって「里親になりました。今度小さな子どもがきます」と挨拶しました。Bちゃんはテレビに自分と同じ肌の人が出演しているのを見ると「自分と同じだ」と言います。あと、近所の子どもたちは、Bちゃんが私たちをパパママと呼ぶのが不思議なようで、「パパとママなの？　でもBちゃんは外国人に見えるよ」と言います。その時は、「お父さんとお母さんがどうしても育てられないという子どもが暮らしているおうちにBちゃんがいて、そこからうちにきたんだ」と言ったり、その子どもの年齢に合わせて、「新しくパパとママになったんだ、よろしくね」と言ったりします。たいていの子どもたちがそれで、「そうなのか」と納得するようです。

Bちゃんは大きくなるまで、わが家で育つことになっています。Bちゃんには生みの親の存在を伝えていますが、まだ小さいのでよくはわかっていないようです。Bちゃんに関しては、養子縁組希望者が地域の児童相談所で見つからないなら、養子縁組先を日本全国に広げて探してほしかったし、それでもだめだったら、国際養子縁組を考えてほしかったです。Bちゃんが大事だからこそ、Bちゃんの本当のしあわせを考えるとそのほうがいいんじゃないかと思うのです。今だったらまだ間に合うのではないか……と。私もまだ今だったら、さびしさをこらえて、離れることができます。でも、Bちゃんがこれ以上大きくなってからわが家を離れることになったら、「自分は見捨てられたのではないか」とマイナスに捉えてしまうのではないかと思います。

これから、肌の色の差別についてどう対処していけばいいのか夫婦で考えており、相談相手を探しています。Bちゃんにとっては家族のなかで自分だけが肌の色が違うことになってしまうので、ただ毎日、精神的に強くなってほしいと願っています。また、いろんな国籍の人が里親登録してくれることを願っています。日本の養子縁組の制度に希望することは、これから増えると思われる肌の違う子どもたちの養子縁組先を確保してほしいということです。

（2）愛情をかけられて育つことと健やかな成長の関係

親から適切に養育されなかった子どもたちや長期間にわたって施設で集団生活を送る子どもたちのなかには、健やかな成長を促すための環境が欠けていたために、心身にダメージを受けている子どもがいます。例えば、乳児は泣き声を上げることで親に「おなかがすいた」「オムツがぬれて気持ち悪い」などと自分の欲求や状態を知らせます。この欲求を親が満たしてくれることで、親を自分が呼んだら応えてくれる存在、安心させて守ってくれる存在だと考え、親と他人を区別するようになります。親も自分を特別な存在と見てくれる子どもを愛しいと感じ、より一層、子どもの欲求や期待に応じようと努めます。こうして親と子の間に一対一の絆が生まれ、親の庇護《ひご》のもとに子どもは少しずつ外の世界へ踏み出していく力をつけていきます。

ところが、いくら欲求を知らせても、誰も自分のもとに駆けつけてくれないことが続いたら、子どもの気持ちは満たされず、そのうち、期待することすらしなくなって無気力になります。やさしくほほえんでもらったり、抱っこされたり、オムツを取り換えてもらって快適になるといった、適切な刺激もなかったら、健やかな成長も妨げられてしまいます。また、自分が注目される時が、叩かれるなどの虐待を受ける時だけだったら子どもの成長はどうなってしまうでしょう？

平成26年度『国内外における養子縁組の現状と子どものウエルビーイングを考慮したその実践手続きのあり方に関する研究』の調査では、平成25年度に里親委託を経て養子縁組が成立した子どもたちの里親委託時の年齢は、１歳未満が45・４％、１〜２歳未満が21・６％、２〜３歳未満が15・２％、３〜４歳未満が７・１％でした。また、新生児を委託していると回答した児童相談所は22・３％（１９７件中44件）で、委託していない児童相談所の90％（１５０件中１３５件）が、今後も新生児を委託する予定はないと回答しました。

養子縁組里親も養育里親と同じく、十分な研修が必要なのは、子どもの発達や中途養育（子どもを途中から養育することを中途養育といいます）について学び、保護された子どもたちの行動を理解して対応するための知識が必要だからです。

乳児院の集団生活

わが家に迎えた遊は乳児院で大切に育ててもらっていました。遊を担当してくれた職員さんは、私たち夫婦と遊の交流が進むよう、私たちが乳児院で交流している時間帯は保育室に姿を見せませんでした。遊は表情がなく、「バブバブ」といった赤ちゃんが発する喃語《なんご》もまったくない子でしたが、たまに担当さんが通りかかるのを見て、遊がニコッと笑顔になったので、担当職員さんに愛されていることがわかりました。

乳児院の生活は規則正しくて、部屋は清潔に保たれ、危険物は何もなく、たくさんのおもちゃがあり、栄養士さんが栄養バランスに配慮した食事や手作りおやつはとてもおいしそうでした。赤ちゃんのお食い初めなどの特別な行事も1人ひとりに行われ、四季折々の行事もしっかりとプログラムされていました。普段は、起床6時、朝食8時、散歩10時、11時半昼食、お昼寝、入浴、おやつ、子ども番組の鑑賞タイム、夕食、就寝という流れるような生活パターンでした。集団生活なので仕方がないことですが、整理整頓きちんとされすぎていて、家庭らしさがありませんでした。

保育室で気になったのは、遊を抱っこし続けていると、年配の職員から「抱き癖がつくからやめたほうがいい」と言われたことでした。私が事前に得ていた知識では、抱っこは親子関係にとても大事であり、抱き癖が悪いとする根拠もなく、そもそも抱き癖という言葉自体が死語であるとされていました。たまたま年配の職員で知識が古かったのかもしれませんが……。

子どもたちの食事は厨房《ちゅうぼう》でつくられるため、子どもがガスコンロのつまみをいじったり、包丁などの台所用品でケガをするということはなく安全です。しかし、一般家庭のように、親の買い物に一緒に行って、お店で食材を選び、調理する様子を見る機会が少ないのではないかと感じました。

入浴も、今でこそ、家庭らしい環境に近づけるよう家庭用バスタブを置いてある乳児院もありますが、当時の遊の乳児院では、お風呂場に大きな台所用シンクが何台も並んでいて、次々と効率的に子どもたちが洗ってもらっていました。職員は魚屋さんが使っているようなゴムエプロンと長靴をはいていました。

乳児院は保護された子どもたちが一時的に安全に過ごす場所として大事にしなければなりません。しかし、集団生活のために家庭らしい経験が少なくなり、特定の養育者と永続的な信頼関係を築くことも叶わないので、子どもが長期にわたって生活する場所としては適していません。

（3）子どもの行動上の課題

施設での長い集団生活のあとに里親家庭に迎えられる子どもたちや、虐待を受けた経験があって里親家庭に迎えられる子どもたちは、里親と信頼関係を築いていく過程で特有の行動をみせる場合があります。

◆里親との関係や許容範囲などを確かめる行動

里親家庭に慣れてきた頃にわざと食べ物を床にこぼしたり、トイレを失敗したり、物を壊したり、理不尽なほど大量のお菓子を要求したり、大人にとって理解しがたい行動をすることがあります。このような行動について、どこまで自分を受け入れる覚悟があるのか、里親を困らせて反応をみているのだという見方があります（「試し行動」と呼ばれることがあります）。子どもに大人を試そうという自覚があるわけではないという見方もあります。確かめる行動を里親が受け入れ、子どもとの間に信頼関係ができて子どもが安心すると、行動は徐々に収まっていくことが多いようです。行動が一時的でない場合は、児童相談所に相談することが必要です。

◆赤ちゃん返り

乳児期に、赤ちゃんとしての欲求が満たされなかった子どもは、里親家庭で赤ちゃん返りすることがあります。オムツが外れている年齢でも、オムツをはきたがったり、哺乳瓶でミルクを飲みたがったり、歩かずにハイハイしたりします。子どもは欲求が満たされる環境が準備されると、自分に欠けていた経験を自分で補っていきます。里親がこのような行動を否定することなく受け入れることは、子どもの育ち直しの過程で必要不可欠だといわれています。

◆愛着の欠如からきている行動

乳幼児期に自分の欲求を特定の養育者に満たしてもらって愛着をつくり、大人を信用する経験がないと、健全な対人関係を形成することが難しくなります。そのため長く集団生活を送っていたり、虐待を受けたことのある子どもと里親は、安定した関係ができるまで困難な時期を経験します。子どもには次のような行動がみられることが多いといわれています。

- 自分にとって大切な人（通常は養育者）とそうではない人（たまたま公園で出会ったよその子どものお母さんなど）との区別ができず、誰にでもベタベタする
- 自分の感情をコントロールすることができない
- 忍耐力や集中力に欠ける
- 自分を大切にできずに自傷行為をする
- 人の気持ちに共感することができない

公園で転んだ子どもが泣きながら駆け寄るのは、普通は両親などの養育者です。しかし、里親家庭にきたばかりの子どもは、里親のもとに駆け寄らず、よそのお母さんに「ママ！」と言いながら駆け寄ったりするので、里親は不安な気持ちになります。

養子縁組里親とうまくいかず、児童養護施設に戻ったあとに、養育里親に長期委託されたCちゃんの例をご紹介します。Cちゃんは幼稚園の懇談会で、教室に集まっていたお母さんたち

のところに行き、1人ひとりの手を取って、「Cちゃんのママ！」と言ってまわるので、クラスメイトが「違うよ！　私のママだよ」「僕のママだよ」と怒り、教室にいたお母さんたちも困惑した様子でした。Cちゃんの里親は経験豊富だったので、「施設で暮らしてきたのだから、ママがどういう存在なのか、子どもが理解するのに時間がかかるかもしれない。安心して甘えてもらえるように、時間をかけてゆっくり関係をつくっていこう」と考えることができました。しかし、はじめて経験する子育てだったら、「子どもとうまく関係がつくれない」と自信を失ったり、気持ちが追い詰められていたかもしれません。

中途養育の場合は、考えていた以上に親子関係をつくるのに時間がかかることがあるので、先輩里親養親に自分の話を聞いてもらう、経験を聞かせてもらう、児童相談所や里親を支援している機関からアドバイスをもらうなど、家庭内で悩みを背負い込まないように心がけることが大事です。例にあげたCちゃんは、里親が腰を据えてかかわった結果、時間はかかりましたが、里親がCちゃんにとって特別な存在であることを理解しました。そして、よそのお母さんにベタベタすることもなく、健やかに育っています。

◆発達の課題

里親家庭で暮らしている子どもに発達の遅れがある場合があります。先天的なものが原因なのか、生みの親の不適切な子育てが原因なのか、長期間にわたる施設での集団生活が原因なのか、複雑に組み合わさった要因をひも解いて、判断することが難しいケースもあります。その場合は児童相談所や医師、専門家と密に連携して、子どもの成長にとって何が最善策なのか考えていく必要があります。抱え込まないよう、市区町村の特別支援教育プログラムを受けたり、障害のある子どものための通園施設や児童デイサービスの利用など、さまざまなサポートを受けながら子育てをしていくことも大切です。里親家庭で生活していくうちに、年齢相応の発達になる子どもはたくさんいます。

以上、中途養育の多い里親家庭の子育てについて説明しましたが、どんな子どもでも発達に心配な点がある時は、養育者は児童相談所や市区町村役場、医療機関などの社会資源とつながる必要があります。

〈体験談⑨〉

「発達がゆっくりな子どもの子育て」――Ｎ・Ｏ

民間機関から子どもを迎えて、子育てが始まってから数年が経ちました。私の子どもの発達はゆっくりです。生まれた時、子どもの健康に不安があったので、迎えたあとも継続的に大学病院に通っていました。成長がゆっくりだなあと思ったのは、歩き始めるのが遅かったからです。１歳半健診の時には、発達がゆっくりだと病院の先生から言われました。２歳の時、言葉が出なかったので、幼稚園前の子どもたちが通う言葉や社会性などの発達の遅れや偏りが気になる子ども向けの親子グループに通ってはいかがですか、と病院の先生に言われて、住まいから通える範囲の施設を調べました。その時は気持ちが動転したし、どの施設を選んだらいいのか迷いました。子どもにははっきりとした病名があるわけではなく、障害があるのか、発達がゆっくりなだけなのか、わからなかったので、施設選びが難しかったです。

施設を選んで通い始めてからは、そこで前向きな言葉をたくさんかけてもらえ、できることをたくさんほめてもらえました。親の不安も聞いてくれるし、心理の先生に相談ができて、子どもも親も否定されない心地よい場所でした。子どもも「行くよ」と声をかけると、顔つきがうれしそうで、玄関に走っていきます。でもこの施設の親子グループには、年齢的にずっと通い続けることはできないので、また別の場所に通うことになると思います。

子どもの発達に関しては、どうしたらいいか誰かにアドバイスを求めることで道が開けます。選択肢がたくさんあり大変だけれど、アドバイスを求めていけば、子どもにとって必要な場所につながっていきます。支援を受けられる場所へ通うことに関しては、完璧を求めると親がつらくなってしまうので、無理しないよう、できる範囲でやっていくのがいいと思います。例えば、私は今、仕事をしながら、週に1回、施設の親子グループに通っています。これが、週に何回も通うとなると、生活が回らなくなってしまいます。親にも余裕があることが大事です。

私は子育てをしていくうちに、子育てをこうしたい、ああしたいと思い描いていたということに気づきました。自分の思い描いていた子育てとは違っても、子どもがしあわせだったら、そちらのほうが大事です。子どもはきちっと座ってご飯を食べられないので、しつけのことを周りから言われたりするのですが、周りが子どもに責任をもつわけではありません。親が責任をもつし、子どもが長所を生かせるように楽しく生活してもらえればいいと思っています。

先行きの見えない不安が一番つらく、悩んでいた時期もあったけれど、自分にとって無理のない選択をし、やるべきことがわかると楽になります。相談できる場所や発達がゆっくりな子どもを育てている親と交流して、理想が叶わなかったことや、愚痴を話せることが必要です。心配をさせたくない思いもあり、意外に実家の親には話せなかったりするので、実家の親的な役割をしてくれる人が周囲にいるといいと思います。私には、自分の親的な存在のベテランの里親さんと、すぐ近所に先輩の養親さんがいて、顔を合わせることができます。先輩さんに会えたのも、里親養親が集えるサロンだったので、子どもを迎えたらこういう場所に出向くのもいいと思います。子どもを迎える前でも参加できる場所があれば、なお、いいですね。

第5章

養子縁組の手続き

養子縁組には、特別養子縁組と普通養子縁組の2種類があります。ここではその手続きについて簡単に説明しますが、詳細が知りたい方は、68頁に紹介した、『親子への道標――特別・普通養子縁組についての法律と手続き』や『子どもの養子縁組ガイドブック――特別養子縁組・普通養子縁組の法律と手続き』という良書がありますので、取り寄せて読んでみてください。

1　児童相談所から子どもを迎えた場合

家庭裁判所に養子縁組を申し立てる時期は児童相談所と相談しながら決めます。里親と子どもの親子関係が十分に築かれているかなど、児童相談所とタイミングを検討してから、手続きを開始することになるでしょう。養子縁組が成立すると養子縁組里親から養親へと立場が変わり、里親委託が解除されます。

2　民間機関から子どもを迎えた場合

家庭裁判所に特別養子縁組を申し立てる時期は、迎えてからすぐ、1週間後、半年後など人によって異なります。民間機関のアドバイスに従いましょう。申し立てると、家庭裁判所の呼び出しや家庭訪問などの調査が始まり、６ヵ月間以上経てば審判が可能になります。家庭裁判所は民間機関にも連絡を取り、嘱託書の作成を依頼します。嘱託書には、生みの親の事情や夫婦が養親に選ばれた経緯、養親の養育についての意見が書かれます。

3　特別養子縁組

生みの親と子どもの法律上の親族関係が終了し、養親が子どもの唯一の親となるのが特別養子縁組です。特別養子となった子どもは養親の実子と同じ扱いになります。普通養子縁組の戸籍簿のように「養子」「養女」と記載されないので、一見では養子縁組したことがわかりにくいのですが、「民法八一七条の二(注)による裁判確定」と記載されるので特別養子縁組したことがわかるようになっています。生みの親の直系血族との結婚を避け、子どもが将来自分のルーツをたどることを希望した場合の配慮だと思われます。養親からの離縁はできません。

司法統計によれば、平成25年度に審査された特別養子縁組の申し立て５７６件のうち、認められたのは４７４件、却下が21件、取り下げが81件でした。

【注】

民法八一七条の二……家庭裁判所は、次条から第八一七条の七までに定める要件があるときは、養親となる者の請求により、実方の血族との親族関係が終了する縁組（以下この款において「特別養子縁組」という。）を成立させることができる……（以下略）。

特別養子縁組の基本的な流れ

- 家庭裁判所に養子縁組の申し立てをします
- 申し立てのあと、家庭裁判所から調査のための呼び出しがあります
- 呼び出しのあと、家庭裁判所の家庭訪問があります（家庭訪問の回数は家庭によって違います）
- 特別養子縁組の審判の前に、6ヵ月間以上の試験養育期間が必要になります
- 養子縁組の確定までに要する期間はケースによって違います
- 確定して確定証明書が届いたら特別養子縁組届を提出します

養親側の要件

- 養親となる人が家庭裁判所に申し立てます
- 養親となる人は配偶者のある人でなければなりません（夫婦でなければならない）

・養親となる人は25歳以上でなければなりません（一方が25歳以上、もう一方が20歳以上であれば可）

養子側の要件

・子どもの年齢は縁組の申し立て時に６歳未満でなければなりません。ただし、６歳になる前から養育されている場合は８歳未満まで対象となります
・子どもの生みの親の同意が必要です。ただし、生みの親が行方不明で意志が確認できなかったり、虐待したり、悪意をもって遺棄するなど、子どもの利益を著しく害する場合は同意がなくても縁組が認められる場合があります
・生みの親による養育が非常に難しく適切でないという事情が必要です

申し立てに必要な書類

特別養子縁組の申し立てに必要な書類は次のとおりですが、他にも住民票が必要なことがあるので、電話で確認することをお勧めします（平成27年9月現在）。

・申立書１通

- 養親となる者の戸籍謄本1通
- 養子となる者の戸籍謄本1通
- 養子となる者の実父母の戸籍謄本1通
- 養子となる者1人につき収入印紙800円（家庭裁判所から指示された種類のもの。ほかの種類を間違って購入しないように注意）
- 連絡用の郵便切手（必要な額や枚数は家庭裁判所に要確認）

申立書の用紙は裁判所のサイト（http://www.courts.go.jp/）からダウンロードしました。申立書の記入がわからない場合は、児童相談所でも民間機関でも教えてくれます。また、必要書類はサイトで確認できますが、電話でも確認しました。電話ではどういう経緯で特別養子縁組を申し立てているのか聞かれたので、児童相談所から子どもを迎えた里親であること、養子縁組を前提に委託されていること、児童相談所から申し立てについて了解を得ていることを話しました。電話対応をしてくれた係の人によれば、家庭裁判所のサイトをみて、書類さえそろえば、誰でも特別養子縁組できると勘違いする人がいるのだそうです。

4　普通養子縁組

特別養子縁組と違い、生みの親と子どもの法律的な関係は終了しません。子どもは生みの親と養親の２組から財産を相続する権利と２組を扶養する義務があります。戸籍には「養子」「養女」と続柄が記載されるほか、生みの親の名前も記載されます。

- 子どもが15歳未満の場合は親権者の承諾が必要ですが、15歳以上であれば、養親となる人と子どもの間の合意により普通養子縁組をすることができます
- 未成年者を養子にする場合には家庭裁判所の許可が必要です
- 夫婦が未成年者を養子にする場合には夫婦がともに養子縁組しなければなりません
- 普通養子縁組には試験養育期間が設けられていません
- 当事者の協議により、離縁することができます

5　わが家の経験

私たち夫婦はあらかじめ、特別養子縁組の申し立てを始める時期を児童相談所に伝えてありました。そしてその時期に、児童相談所がわが家の養子縁組を検討し、申し立てすることに決まりました。申立書の提出後、家庭裁判所から呼び出しがあり、夫婦で出向きました。里親登録から委託までの経緯、学歴、仕事内容や収入、今までの養育のことなどくわしく聞かれました。この時に持参したのは、母子手帳、収入と資産を証明する資料です（何が必要か、事前に家庭裁判所に確認して準備しました）。育児日記や今まで撮影した写真ももってくるように言われましたが、すでに分厚いアルバムが何冊もあり重たかったので、のちに予定されている家庭訪問で見てもらうことにしました。

一方で家庭裁判所は生みの親も呼び出し、遊を手放すことになった経緯、現在の生活状況、特別養子縁組に同意するかなどを聞きました。また、家庭裁判所は児童相談所に連絡を取り、私たち夫婦の養育について意見を聞きました。

呼び出しから3週間後、今度は家庭裁判所調査官の家庭訪問がありました。この時は遊が一緒にいたので雑談が中心で、アルバムを見たり、親子の様子を見ていきました。また、家のなかもひととおり見ました。

それから２ヵ月半後、家庭裁判所から審判書が送られてきました。審判書とは特別養子縁組を認める（認容）かどうかの結果が記載されているものです。認容の結果が出た場合、それから２週間以内に生みの親が不服申し立てをしなければ、特別養子縁組が確定します。わが家の場合は申し立てから特別養子縁組の確定まで約４ヵ月半かかりました。養子縁組の確定は、私たち夫婦に心からの安心感をもたらしてくれました。

人によっては、もっと時間がかかる場合があるでしょう。例えば、裁判所が生みの親と連絡を取るのに苦労したり、生みの親が裁判所の呼び出しに応じない場合などです。また、途中で生みの親の意志が変わり、特別養子縁組に同意しなかったために特別養子縁組が成立しなかったケースも現実にあります。日本は生みの親の権限が非常に強い国です。特別養子縁組は生みの親による養育が著しく難しく、かつ縁組に同意する場合にしか認められません（生みの親が行方不明で同意を得るのが難しい場合は、特別養子縁組によって得られる子どもの利益が考慮されます）。わが家の審判書にも「生みの親が特別養子縁組を希望しており、子どもを監護することは著しく困難であると認められ、子どもを特別養子とすることが子どもの利益のために特に必要である」と書かれていました。

〈特別寄稿②〉

「元家庭裁判所調査官が出会った生母と養親の姿」――E・S

私は長い間、家庭裁判所調査官（以降、調査官）という仕事をしていました。調査官は、病院でいうと看護師のような立場で、裁判官はいわばドクターです。調査官は家庭裁判所に直接おいでになった方に話をうかがって、それを裁判官に伝えます。例えば特別養子縁組の申立てがあると、子どもを迎えて生活を始めている申立人ご夫婦にこれまでの経緯や縁組を希望する動機を聞いたり、家庭訪問したり、子連れで家庭裁判所にきてもらってお子さんと一緒に遊んだり、生母に会いに行って事情や気持ちを聞かせてもらうなど、裁判官が特別養子縁組を判断する際の材料を集めます。調査官の仕事は子どもがしあわせになれるよう、子どもの将来をきちんと見極めた判断を裁判官にしてもらえるよう情報を集めることで、とても重たい任務だと考えていました。

家庭裁判所ではいろいろな人に出会いましたが、特別養子縁組で出会う夫婦は他のケースと出会う人たちと違っていました。他のケースの場合は、離婚だったり、遺産でもめ事があってくるなど何か「不幸」の影がある場合が圧倒的に多いのですが、特別養子縁組の場合は、申立人が明るい希望をもって家庭裁判所にいらっしゃるのです。心身が健康で、温かいものをもっていて、安心してお会いできる方が多いので、同僚と「特別養子縁組の申立人は他の人たちと違うね、表情を見たらすぐに養子縁組だってわかるね」と話すことがありました。私の今までの調査官としての経験から、特別養子縁組に感じたことをお話ししたいと思います。

夫婦の関係は良いですか？　養親になりたい動機は健全ですか？

特別養子縁組の申立てを受けて調査官として申立人の話をうかがっていると、悩ましいなあと思ったケースもありました。まず、夫婦の温度差が目立つような場合です。よくあるのは、妻は子どもを望んでいるけれど、夫は子どもがいないなら、それでもいいと思っているケースです。児童相談所から子どもを迎えた場合では、夫は先を行く妻に付き添って児童相談所に赴いて里親登録し、その流れで子どもを受託し、妻が主導で養育をしてきて、家庭裁判所に特別養子縁組の申立てにいらっしゃったことがうかがわれました。この温度差が縮まらないまま、妻が育児で手いっぱいになったり、子どもが大きくなって手を焼くようになったら、家庭のなかのバランスがくるってしまいます。反対に、跡取りがほしいなどの理由で夫の方が主導で特別養子縁組を希望し、奥さんは子どもを迎えることにさほど乗り気でなくてもだんなさんに従っていることもあります。

夫婦にそうした温度差が感じられる時、家庭裁判所では夫婦の紛争ケースに日々接していますので、調査官や裁判官は将来起こりうるトラブルの芽が見えます。養父になる夫と養母になる妻が、今後ずっと仲良くやっていけるかな、大丈夫だろうかというのが、中立人のご夫婦と会ってお話ししていて、一番心配です。

特別養子縁組を望む動機も気になります。言葉の端々に跡取りがほしいんだなとか、墓守がほしいんだなということがわかる夫婦、子どもを「かすがい」にしたいと考えているような夫婦は、子どもの親としてどうなんでしょう。子どものためというよりも、自分たちのために縁組をしたいということになりますが、本当にそれだけだとすると、とても悩ましいです。

あとは年齢的、経済的なことです。ご夫婦がもう40代になっておられて、今は十分な収入を得ていらっしゃるけれど、この子が中学や高校に進む頃に、だんなさんは定年ではないだろうか、奥さんは体力面で大丈夫だろうかなど、将来の生活設計の不安がありそうなご夫婦もいらっしゃいました。今だけでなく、子どもが自立するまでの長い期間、ずっと継続して養育する力をもっていられるかどうかは、養親の適格性を考える際に、かなり大切なポイントだと思います。

たまに特別養子縁組の離縁ということがあります。特別養子縁組は、養親の側からは離縁できない仕組みになっているのですが、子どもがある程度大きくなってから、養親からの虐待などが起きて子どもが養親との関係に悩んで、相談を受けた周囲の大人を通して弁護士さんにつながるなどして、家庭裁判所に離縁の申立てが出てきます。そうならないように願って、特別養子縁組をする時には試験養育など慎重に手続きを踏んでいるのですが、残念なことです。でも、どこの家庭でも虐待は起きる可能性があって、特別養子縁組の家庭だから虐待は起きないだろうというのは幻想です。

授かった子どものルーツを大事にしてほしい

　生母も本当は子どもを育てたかっただろうと思います。実子であれ、特別養子であれ、子どもは授かりものという思いをもったら、その子の生みの親を大事にその子のなかに位置付けて大きくしてほしいなあと思います。でも、家庭裁判所の手続きをしている最中から、生みの親が会いにきたらどうしようとか、返せっていわれたらどうしようとか申立人から言われることがあります。私たちがここにいることを生みの親に絶対に教えてないでほしいとか、極端な話、この子の写真を家庭裁判所に提出したら生みの親に渡すんでしょうとか、それはやめてくださいとまで言われたことがあります。そんなに生みの親のことがいやなの？　とすごく悲しい思いをしたことが何回かありました。調査官は、子どもの立場に立って調査の仕事をしているせいか、そんなふうに言われると自分の親を貶《おとし》められたような悲しい気持ちになるんです。

あと、1件だけでしたが、「施設にいたかわいそうな立場の子どもを家に引き取ってやった」と言う申立人にも会ったこともあります。何を勘違いしているんだろう。それじゃあ、子どもが今かわいそうだよと思いました。生母を貶めることは子どもを大切にしないことにつながるように思います。

子どもを1人の人格としてみる

どんな人でも子育てに熱意をもち、家庭が安定していたら、養親になることができると思います。ですが、生みの親の存在に敬意を払えなかったり、子どもは自分の言うことを聞いてくれる存在だと思って、コントロールできるものだと思っている人は、養親にはあまり向かないと思います。今時の親のなかにも、子どもを計画的に出産したんだ、自分たちが生み出したもの、得たものなんだと思っている親御さんって結構いらっしゃるようです。少なくとも、子どもは自分とは違う人格で、血がつながっていようがいまいが、子どもは違う人間なんだ、自分たちはベストを尽くすけれど、子どもには子どもの人生があるんだと考えてほしいですね。跡取りにしようとか、さびしいから慰めにしようとか、子どもを手段に使おうと思っている人は、子どもにとってありがたい親ではないと思います。

子どもを家に迎える前は、子育てがどういうものか現実感をもてない人もいるのは仕方がありません。だけど、養親になりたいと思うのなら、いろんな世代の人とつきあったり、いろんな年齢の子どもたちと接して想像力を鍛えることが必要だろうと思います。例えば、思春期まっただ中で不機嫌な中高校生と接すると、子どもっていつまでも可愛いわけじゃないよという実感がもてるかもしれません。養母になる人には、いろんな人と出会えるような経験をしてもらって、夫や親戚以外の人と接する練習ができるといいですね。養父になる人は仕事と違う人間関係をもてるといいです。

生みの親のこと

生みの親は多様な人たちで、「こういう人たち」と一言で語ることができません。私が特別養子縁組の調査のなかで出会った生母は、出産後相当の時間が経ち、子どもを申立人に託して状況がすでに落ち着いている段階にあるので、特別養子縁組への同意を迷っている人はそんなにいないという印象でした。ですが、「（特別養子縁組は）しかたがなかったんです」ということを自分に言い聞かせている人はたくさんいらっしゃいました。なかには、「（出産前に）養子縁組の同意書を書いたけれど、赤ちゃんの顔を見たら育てたくなった。でも、やっぱり育てるのは難しいから」いう言い方をしていた方もいました。「経済的な基盤があったら育てられたのに」という方も結構いました。自分のなかで折り合いをつけるために、「自分は子どもを育てられないけれど、きっとこの子はしあわせな家庭に引き取られて、しあわせな人生を送るはずだ」と自分に言い聞かせている方にたくさん出会いました。

家庭裁判所では、あらかじめ同意書が出ていても、生母には調査官が必ず直接会うことになっていました。生母のお話を聞いて、同意の意志を確認するのですが、その時にこちらから生母に伝えたいこと、伝えなければならないことがいくつかありました。まず、特別養子縁組が成立すると、法律上の親子関係が終了になることを伝えます。そして、私の場合はそれに加えて、「子どもが大きくなると子どもは自分のルーツを知りたいと思うようになります。その時に、特別養子縁組の制度では、戸籍をたどればあなたに行きつくので、子どもが大人になって自分で自分の戸籍をたどっていったら、あなたの名前が出てきます。もしかしたら子どもが大きくなったら、子どもがあなたを訪ねてきたり、連絡を取ろうとしてくることもあるかもしれません。家庭裁判所が特別養子縁組という決定をした時に、あなたは法的な親という地位からは降りるけれど、この子のお母さんであるということは、変わらない。だから、将来この子が求めた時には、応じてくださいね」と話していました。

真実告知

特別養子縁組をして親になろうとしている中立人の方々に私が必ず言うようにしていたことは、真実告知をしていなくても、子どもはいずれ事実を知ってしまうということです。一番避けるべきは思春期に、例えば親子喧嘩の時に、養子であることを告げることです。なるべく早い時期に、「望んでうちに来てもらったんだよ」ということをはっきり子どもに話してあげてください。思春期は小学校の高学年くらいから、あっという間に訪れます。だから、もうちょっとしたら、もうちょっとしたらと思わないで、なるべく早い時期に、そしてお子さんの気持ちが安定して機嫌がいい時に話してあげてください。思春期の前に告知を済ませることが大事です。近所の人や親戚から耳に入ることもあるので、親は隠しているつもりでも、子どもはとっくに知っていて、親を気遣って知らないふりをしていることがあります。子どもにうそをつくことは、子どものためにはならないのです。

小学生の子どもに特別養子縁組の説明をする

家庭裁判所で特別養子縁組する時の子どもは、たいてい乳幼児ですから、私は調査の際に次のような会話を子どもとしたことはありません。もし私が特別養子縁組をした子どもと会話する機会があって、質問をされたら、こんなふうなやりとりをするかなあと想像してお話しします。

「(わたしは、ぼくは)養子だと言われたんだけれど、特別養子縁組ってなに?」と私が小学生の養子の立場のお子さんに聞かれたら、養親が親になるのにどんなにがんばったか、次のように説明すると思います。

「あなたは望まれて今のおうちにきたんだね。今のお父さんとお母さんはあなたが家にきた時にすごくうれしかったと思うよ。だってね、特別養子って本当に特別な人しかできないことなんだよ。そしてお父さんとお母さんがすっごいがんばって、これから親としてがんばります、大丈夫ですって名乗りを上げて、そういう人がみんな家庭裁判所に行くんだよ。でもね、みんなが家庭裁判所でオッケーとなるわけじゃなくて、手続きは随分と長い時間がかかるし、君とお父さんとお母さんがちゃんとうまくやっていけるかなって、ずいぶん厳しい審査を通ったんだから、君たちの両親ってすごい優秀なんだよ。そして君も偉かったよね。たぶん最初このうちにきた時は、何がなんだかわからなかっただろうけれど、今、君が自分を『養子なんだ』とさらっと言えちゃうのは、君も随分大人になってきたっていうことだよね。そうやってお父さんとお母さんに僕は養子だって胸を張れるってたいしたもんだね。お父さんとお母さんは良い育て方をしたんじゃないかな」

さらに、高校生くらいになったら、なぜ生みの親と離ればなれになったのか、聞いてくると思います。「あなたの生みのお母さんにどんな事情があったのか、私にはわからないけれども、生みのお父さん、お母さんは、君が今の家で育つことが君のしあわせになると信じたんだと思う。もしかしたら本当は、例えばお金があったら、体が丈夫だったら、お父さんが死ななかったら、お母さんは君のことを育てたかったと思うよ。でもどんな事情かわからないけれども、今のお父さんとお母さんにお願いするほうが、君にしあわせになってもらえると考えて、本当は別れたくなかっただろうけれども、お願いすることにしたんだと思うよ」

〈体験談⑩〉

「里親登録から特別養子縁組までの流れ」――A・A

　私は30代の半ばで結婚したので、すぐに子どもが欲しいと思っていました。同時期に結婚した友人がすぐに妊娠したり、婦人科に通っている友人もいたので、自分も婦人科に行ってみましたが、その時は特に不妊の心配はありませんでした。それからしばらくして、やっぱり早く出産したいと思い、何回か体外受精をしましたが、病気をしたのをきっかけに、治療をやめて、夫婦2人の生活をすることにしました。

ただ、だんだん自分が健康を取り戻すと、やっぱり夫婦で子どもが欲しいという気持ちになりました。「養子を迎えてもいいね」という話題は出ていました。でも気持ちは揺れ動いたので、考える時間は必要でした。

　養子縁組については、何もわからなかったので、とりあえず児童相談所に説明を聞きに行きました。私たちは担当してくれた職員に恵まれたと思っています。というのも、その担当者は、「年齢のこともあるから急ぎましょう、とりあえず、急いで、里親登録だけはしておいて、その間、研修を受けたりして、考えていくのもいいですね。研修を受けたり、認定されたからといって、必ず、養親になるわけでもないです。必ず紹介があるとも限りません。でも、里親登録はしておいたほうがいいですよ」とアドバイスしてくれたのです。かしこまった感じではなく、和やかに説明を聞くことができました。研修中も「どこでやめてもいいです、いつやめてもいいです、無理しないことが大事です」と参加者に言っていました。そう言ってくれると、始めから腹をくくる感じではなく、考える時間がちゃんと与えられていると思えました。

認定から2ヵ月後には、子どもと乳児院で交流することが決まり、1年足らずで子どもを家に迎えることができました。私達夫婦に声がかかったのは、子どもに事情があり、養母は育児に専念できるほうがいいと児童相談所が考えたからかもしれません（私は専業主婦でした）。とてもうれしかったですが、乳児院という馴染みのない場所で人に見られながらの交流は緊張しました。

子どもを迎えたあとは、乳児院の生活サイクルどおりにしたい、メニューもなるべく乳児院とあわせたいと思ってやってみたら、すごく大変でした。今振り返ってみると、あんなにきちんとする必要はなかったです。子どもをこれから迎える方には、あまり考えすぎないよう、無理をしないようにお勧めします。迎えた当時、子どもはもう歩いていたので、ケガしないよう、つねに目を離さずにいました。私たち夫婦にとって、迎えた子どもはもう「わが子」でしたが、特別養子縁組が成立するまでは、子どもを預かっている身という意識もありました。今まで大変だと思ったのは、子どものかんしゃくです。かんしゃくについては、公共機関に相談したり、育児相談を受けて、「成長過程によくあることです」と言われて、ああそうなのかと、成長を待つことにしました。かんしゃくの回数は現在、かなり減りました。

特別養子縁組の申請は委託から半年後くらいから始めました。特に難しいこともなくスムーズに進みました。児童相談所の言われたとおりにやったという感じです。家庭裁判所での面接は1回で、家庭訪問は2回でした。聞いたところによれば、事情によって、回数は異なるようです。特別養子縁組が成立した時は安心しましたが、手続きに忙しく、感慨にひたる時間はありませんでした。

子育てに思うことは、子育ては必ずしも親の思うとおりにならないことです。児童相談所の研修では、発達障害についてかなりの時間を使って説明を受けました。その時は、なぜだろうと思いましたが、学ぶ必要があるのだと、今、理解しています。その一方で、勉強はとても大事だけど、前もっていろいろ考えても仕方がないこともあるので、先走って考えすぎないことも必要ではないかと思います。

第6章

真実告知、子どものルーツ、思春期

1　真実告知（テリング）

「実は私たちはあなたの本当の親じゃないんだ。今まで黙っていてすまなかった。あなたを傷つけるのが怖かったんだ……」うなだれて話す養親。ショックを隠し切れず、その場から走り去る養子。親は何時間も無言のまま居間のソファに座りこんでいる。外に飛び出した養子は「あの人たちは自分の本当の親じゃなかった……」と告知のシーンを何度も頭のなかで再現する。

ドラマや漫画に登場しそうな真実告知のシーン、世間の人が抱くイメージはこんな感じでしょうか。現実の真実告知では、このように「血がつながっていないこと」をネガティブで悪いことのように伝える養親はもうあまりいないのではないかと思います。

養親になることに踏み切れないでいる人のなかには、事実を伝えることは子どもにとって大きな精神的負担になるし、かわいそうだから養子を育てるのは無理だと考える人もいるかもしれません。昔は血縁がないことを近所や本人に知られないように、子どもを迎えたあとに、誰も秘密を知らない地域へ引っ越す人もいたそうです。養子縁組がひた隠しにされる時代だったのでしょう。

でも、このような時代は終わりました。真実告知は血のつながりがない事実だけを強調して子どもに伝えることではありません。「血のつながりはないけれども、家族であることに変わりはない。あなたは私たちが強く望んで迎えた大事な子ども」であると子どもに伝えることが真実告知です。真実告知という言葉の替わりに、テリング（telling）という言葉が使われることもあります。

子どもには自分のルーツを知る権利があり、子どものルーツを隠すことは親子の信頼関係を損ねるという考え方が里親養親の間で周知されるようになりました。その背景には、欧米のルーツに対する考え方が日本に伝えられるようになり、日本でも少しずつ養子当事者の子どもたちの経験や意見が語られるようになって、真実告知の重要性が認識されてきたことがあげられます。

真実告知の時期や方法については、正解がありません。真実告知をどう受け止めるかは子どもによって違うし、年齢や人生経験を積み重ねて変化していくものです。真実告知は多くの里親養親が経験してきたことなので、いろいろな経験談を聞くと、どんな方法が子どもに合うか参考にすることができます。私が先輩の里親養親さんからいただいたアドバイスには次のような共通点がありました。

- 近所の大人や子どもなど、家族ではない第三者から事実を知らされることほど、子どもの気持ちが深く傷つくことはない。事実は必ず養親から子どもに伝える
- 自分のアイデンティティに目覚め、情緒的に不安定になる思春期は真実告知を避ける
- 家に迎えた時の子どもの事情、年齢、性格を考慮し、家族関係がよい時に真実告知をする
- 生みの親については肯定的に伝え、ネガティブな発言をしない

2　わが家の真実告知

私たち夫婦が遊のルーツをどう本人に伝えていくかについて話し合って決めたことは次の2点でした。

- 遊のルーツについて遊にうそはつかない。ただし、私たち夫婦が知っている事実ありのままを話す必要もない
- 日常生活でタイミングを待ち、遊からの質問に回答するかたちで、遊の気持ちに寄り添って話す

はじめて遊にルーツを話したのは幼稚園の年中の時です。幼稚園の先生には入園時に簡単に事情を話しており、「告知をしたら先生にもその旨連絡するので、幼稚園での様子に変化があったら教えてほしい」と伝えてありました。

幼稚園の年中の時は幼稚園生活にも慣れて落ち着き、自己肯定感も高く、「遊ちゃんは幼稚園の先生が好き。お友達もみんな好き。先生もお友達もみんな自分のことが好き」と頻繁に口にしており、すれ違う子どもや大人が遊にニコッと笑いかけるだけで「遊ちゃんのことがみんな好きなんだね」と自信満々に言っていた時期でした。

ある晩、遊は食事を済ませてパジャマを着てくつろいでおもちゃで遊んでいました。私は家事をしたり適当に遊の話につきあっているうちに、まったりといい感じで赤ちゃんの時の話になりました。この頃は自分の赤ちゃん時代の話を好んでするようになっていました。その時の会話は次のようなものでした。

遊：遊ちゃん、赤ちゃんのころ、このおうちにいた?

私：遊ちゃんは赤ちゃんのおうち（乳児院のこと）にいたんだよ。お父さんとお母さんはね、赤ちゃんを探していたのに見つからなくて、赤ちゃんはどこ?　早くおうちにきて?　とずっと探していたんだよ。そうしたらね、神様のお使いのおじちゃんから電話がきて、お父さんとお母さんの赤ちゃんが見つかりました。赤ちゃんのおうちで待っていたんです。大変です。すぐに迎えに行ってくださいと言われたんだよ。赤ちゃんのおうちに迎えに行ったら、遊ちゃんがいて、やっとみつけたよー、「ギュッ」って抱っこしておうちに連れて帰ったの。

遊：うん、知っているよ。ここは遊ちゃんの新しいおうちなんだよ。

そう言うと、遊はわが家にはじめてきた時の家のなかの様子などくわしく話し始めました。当時はまだ乳児だったのに、ここまでよく記憶しているものなのかと驚きました。でも、話はそこですぐに終わってしまいました。おもちゃで遊びながらの会話だったので、関心がすぐにおもちゃに移ったのでした。

乳児の記憶が残っている話はほかの里親養親からも聞くことがありました。遊と仲良しのDちゃんは、生後12ヵ月くらいまで乳児院で育ったあと養子縁組里親の家庭に迎えられました。Dちゃんがまだ幼稚園児だった時、遊びに行った乳児院の保育室の一角を指さして、「ここが自分のベビーベッドのあった場所。この部屋の匂いもよく覚えている」と言ったそうです。Dちゃんを担当していた職員は、ベビーベッドの位置をDちゃんが正確に覚えていたことに驚いたそうです。

遊の話に戻ります。はじめてルーツの話題をした1週間後、再びその話題になりました。ファミレスにアイスクリームを食べに行く途中で乳児院の話になりました。遊のなかでは、自分が迷子になったのが理由で乳児院にいたことになっており、おまわりさんが遊を探し出して家に連れてきたことになっていました。なので、遊は別のおばちゃんのお腹にいたこと、赤ちゃんのおうちにいたことなどを説明しましたが、頭のなかはすでにアイスクリームで占められていて、会話はそれで終わりになりました。

この頃からしばらく、1日に一度は必ず赤ちゃん時代の話をせがむようになりました。せがむ時はいつも機嫌のいい時で親子でコチョコチョしあってスキンシップをしている時でした。なかでも乳児院に遊を迎えにいくくだりがお気に入りでした。「お母さんは赤ちゃんを探していたの？　いなくてさびしくなっちゃったの？」と何度も聞いてきます。それで、乳児院に行ったらかわいい遊ちゃんに会えたのでうれしかったと何度も答えました。よほどこの話が心に印象に残ったのか、小学2年生の時、私たち夫婦が乳児院に迎えに行って遊と対面するシーンを画用紙に描いてくれました。そこには、遊とDちゃんが同じベビーベッドに入っていて、私たち夫婦の絵の真横に漫画の吹き出しがあり、「かわいい」と書かれていました。

また、乳児院からもらったアルバムを見せると大喜びして、赤ちゃんの写真をケラケラ笑いながら見ていました。乳児院の写真を見て、「ここは赤ちゃんの保育園なのか」と聞かれたので、保育園じゃなくて赤ちゃんのおうちなので、赤ちゃんはみんな一緒にお風呂に入ってご飯を食べて寝ること、そこでは赤ちゃんがみんなでお父さんとお母さんのお迎えを待っていることを説明しました。乳児院に行ってみたいと言うこともありましたが、乳児院の担当職員さんがアルバムに書き添えてくれたお別れのメッセージを遊が理解できるようにアレンジして読み聞かせたところ、「さようなら」という言葉に敏感に反応して泣いたので、乳児院には行きませんでした。

物理的に私のお腹から生まれていないことを説明したのは、はじめてルーツの話をしてから数ヵ月後でした。ちょうどその頃、テレビドラマに出演していた双子の姉妹を見て、なぜ2人とも同じ顔なのか質問されました。2人一緒に生まれてきたので顔が同じだと説明すると、どこから生まれてきたのか聞かれたので、思わず、おまたからポーンと生まれると返事しました。この「おまたからポーンと生まれる」がおかしかったようで、大笑いしました。そして、再び自分がどこから生まれたか聞いてきたので、「神様のおばちゃんのおまたからポーンと生まれたんだよ」と答えると大喜びしました。そして「お母さんも赤ちゃんがいなくてさびしくてエーンって泣いて大変だったけれど、遊ちゃんも赤ちゃんのおうちでひとりぼっちで大変だったんだよ」と言いました。本来、母親とぴったりと一緒に過ごしているはずの時期だったのに、どんなに大変だっただろう。私は不妊治療がつらくて、この世の終わりみたいに思い込んだ時期もありましたが、遊が人生の一番最初に直面した困難に比べれば、私の苦労は苦労のうちには入らないと感じました。

出産をテーマにした知育絵本が届き、読んで聞かせたこともあります。陣痛を迎えたキリンのお母さんは苦しそうな表情だったのに、出産後はやさしい表情になり、周囲もキリンの赤ちゃんの誕生を喜んだという内容でした。読み聞かせのあと、遊が私も出産の時、お腹が苦しかったのか聞いてきました。それで、「遊を産んだのは神様のおばちゃんで、お母さん（私）は産んでいない」ことを話し、過去に聞かせてきた話を繰り返し話しました。しかし、その時は、わが家にはじめてきた時の記憶も、今まで繰り返し聞かせてきた話もすっかりと忘れてしまっていました。その晩、遊は夫が添い寝してベッドで横になったのですが、「お母さんがいなくてさびしくなった」と泣きべそをかいて居間にいた私のところにきました。今までも似たようなことはあったので、キリンのお母さんの絵本との関連性はわかりません。

ルーツに関する話題は遊が小学校の中学年になるまでごく日常的な話題でした。遊の名前について、誰が命名したのか聞かれたことがあります。私が「神様のおばちゃんが決めたらしいよ」と返事をすると、「神様が遊ちゃんはこのおうちの子どもになりなさい」って決めたのか聞いてきました。

「ずっと前、遊ちゃんは天国にいて神様と手をつないでいたんでしょ。お父さんとお母さんが大人になるのを天国で待っていた」と話すこともありました。わが家の愛犬が私から生まれたと言い出して、そろそろ小学生になるのに大丈夫か心配になったこともあります。小学1年生の時は、意を決したような表情で「お母さんから生まれていないんだったら、お父さんから生まれたはずだ」と主張したことがありました。

遊は絵本や幼稚園・学校から仕入れた知識、私たち夫婦から聞いた話を組み合わせて自分なりに理解しようとしていましたが、話して聞かせた話を忘れてしまうことも多々ありました。「お母さんから生まれた」「お母さんから生まれていない」の間をゆっくりと行き来し、産んでくれたのは人間の女性で「神様のおばちゃん」ではないこと、私からは生まれていないことを理解するまでに数年かかりました。

3　小学2年生の「成長を振り返る授業（生い立ちの授業）」

小学校では6年間、毎年、性教育の授業がありました。小学1年生の性教育の授業は学校参観日に行われ、卵巣、精巣、卵子、精子などの言葉を使って図を使って先生が説明していました。子どもたちはよく理解していないようでしたが、この授業の目的は難解な言葉の理解ではなく、人間の体には「赤ちゃんのもと」があるのだから、自分の体を大切にしなければいけかないし、お友達の体も大切にしてあげなければならないことの理解だそうでした。低学年のうちは、性教育の授業の前に先生から授業で使うプリントなどを見せてもらい、打ち合わせをしましたが、学年が上がるにつれ内容が理科的、生物学的になってきたので、高学年に入ってからは先生との打ち合わせをしなくなりました。

性教育よりも心配だったのが、小学2年生時の「成長を振り返る授業（生い立ちの授業）」でした。先輩の里親養親からはこの授業で親子ともに苦労した話をたくさん聞いていました。というのも、赤ちゃんの時の写真を用意したり、生まれた時のエピソードや名前の由来を家族から聞くよう学校から指示があるので、子どもの複雑な生い立ちに触れてしまう授業だったからです。

生い立ちの授業に先駆けて、私は先生と打ち合わせをし、授業で使うプリントを見せてもらいました。プリントにはテーマごとに記入欄が設けられ、生まれてから今までの生活を次のように振り返る構成になっていました。「生まれた時のこと、赤ちゃんに会った時」「こんなことがあったよ0～2歳」「こんなことがあったよ3歳～入学前」「こんなことがあったよ1年生のころ」「3年生になったら」「家族から子どもへ」「子どもから家族へ」「将来のゆめ」

保護者向けの説明プリントには、「生まれた時のこと、赤ちゃんに会った時」欄に、「生まれた時の写真か絵、名前の由来、名前を付けた人、赤ちゃんが生まれた時の保護者の気持ちをかいてください」とありました。そこで先生に「生まれた時」を「生まれた頃」に一文字変えてもらうだけで、授業に取り組みやすくなると伝えました。そして、「私たち夫婦と遊がはじめて出会った場面を想像して描いた絵」(203頁参照)を先生に見せて、遊はここまで自分の生い立ちを理解していると伝えました。先生からは変更は難しいけれど検討してみると返事をいただきました。それから1週間ほどして先生から「生まれた時のこと、赤ちゃんに会った時」を「おたんじょう」に変更できることになったと連絡がありました。「おたんじょう」には、保護者が内容を自由にかけるようになっていました。

授業が終わると、書き込んだプリントには表紙が付けられて、アルバムのような立派な成長の振り返り記録が完成しました。遊にとっては楽しい授業時間となったようです。しかし、赤ちゃんの頃の写真がまったくない子、生まれた時の状況を知る人が周囲にいない子、名前の由来がわからない子、親と離れて暮らす子どもにとっては、複雑な事情の振り返り授業になりかねず、心が傷つき、情緒不安定に陥ることもあると聞いています。

どんな環境のもとに育とうと、すべての子どもたちが自分の成長を心から喜べる授業になるよう、授業に先立って、先生とよく話し合っておくことが必要でしょう。文部科学省の『小学校学習指導要領解説　生活編　平成20年8月』によると、「自分自身の成長を振り返り、多くの人々の支えにより自分が大きくなったこと、自分でできるようになったこと、役割が増えたことなどがわかり、これまでの生活や成長を支えてくれた人々に感謝の気持ちをもつとともに、これからの成長への願いをもって、意欲的に生活することができるようにする」のが振り返りの授業のねらいです。また「どの時点から自分の成長を振り返り実感するかは、児童によって異なる。よく覚えていることから振り返る児童もいれば、現在の自分から振り返る児童もいよう。大切なのは、自分の成長を実感できることであって、一律に過去から順にたどることではない。こうした観点に立って、振り返りの時点においては、特に、入学から、誕生してから、というような示し方をしていない」とあります。さらに、「それぞれの家庭の事情、特に成育歴や家族構成などに十分配慮することが必要である」とあります。

今は、ひとり親家庭や再婚家庭など家族のかたちも多様です。子どもの事情によって、学校に柔軟な対応をお願いするとよいのではないかと思います。

4　今現在とこれから

小学3年生の性教育の授業は「赤ちゃんが産まれる仕組み」でした。授業後に先生から電話があり、遊が書いた感想文を先生が読み上げてくれました。「自分は赤ちゃんのおうちからきました。産んでくれた人は誰だか知りません。でも、お母さんがもらってくれて、とてもうれしいです」という内容でした。同じく小学3年生の時、ペットショップにいる犬は飼い主になる人がお金を払って家に連れて帰るという話をしていたところ、「赤ちゃんのおうちから自分を連れて帰った時、（赤ちゃんのおうちに）お金を払ったのか」聞かれて、驚いたことがありました。二分の一成人式では、体育館で歌の発表がありましたが、生い立ちに触れるようなイベントではありませんでした。

現在は少し大人になったためか、家庭でルーツの話題が出ることも減りましたが、私たち夫婦のほうが遊から気を使われるようになりました。少し前に遊の命名について、遊と2人で話す機会がありました。軽い雑談だったのですが、遊は「自分の名前は本当のお母さんがつけた」と途中まで言いかけて、ハッとした表情になり、「ホン……産んでくれた人がつけた」と言い直しました。「本当のお母さん」「本当のお父さん」という言葉はわが家では使ったことがありません。でも、どこかでそのような言葉を聞いたことがあるのでしょう。私たち夫婦に気を使っているんだなあと思いました。

これから本格的な思春期を迎えて、遊が自分のルーツをどう考えていくのかはわかりません。子どもは子どもなりに人生の課題を生きているので、親はそばで見守ることしかできません。でも、私たち夫婦が遊と出会うまでには遊のしあわせを願うたくさんの大人の存在がありました。里親会には子育て仲間がいます（民間機関から子どもを迎えた方々も養親の会があることでしょう)。子ども同士も里親会の活動を通してつながることができます。

真実告知をしないという選択は養親にとって孤独な道に思えますし、どこかで子どもが気づいてしまったら、子どもも孤独にさせてしまいかねません。

5　真実告知とルーツに関する書籍・絵本

第2章に『真実告知ハンドブック』『うちあける』『ルーツを探る』など、告知に関する書籍を紹介したので参考にしてください(68頁)。真実告知に関連した子ども向けの絵本も出版されており、告知に利用している方もいるようです。

■真実告知とルーツに関する書籍・絵本

はるのみえこ●著
なかにしやすこ●絵
くろしお出版

ふうこちゃんのたんじょうび

お母さんから告知を受けたふうこちゃんがお母さんと一緒に「赤ちゃんが生まれるところごっこ」をしながら自分の気持ちを確かめていくお話です。

ジェイミー・リー・カーティス●著
ローラ・コーネル●絵
坂上香●訳
偕成社

ねえねえ、もういちどききたいな わたしがうまれたよるのこと

真夜中に「わたし」が生まれたと電話連絡を受けたパパとママは、ベビー用品が詰まったカバンをもって病院にかけつけます。パパとママと「わたし」の出会いのお話。

内田麟太郎●著
中村悦子●絵
ＰＨＰ研究所

おかあさんに なるって どんなこと

里親養親家庭の話ではありませんが、うさぎのミミちゃんがぬいぐるみのモコちゃんのお世話をしながら母親の気持ちを体験していくお話です。

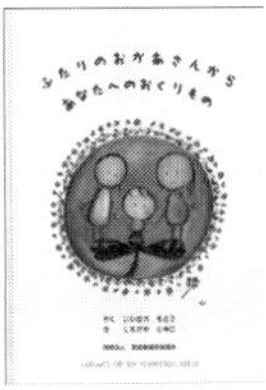

いいたか もとこ●訳
しもかわ くみこ●絵
家庭養護促進協会

ふたりのおかあさんから あなたへのおくりもの

産んでくれたお母さんと育てているお母さんの想いを詩と絵で伝えている絵本です。

〈体験談⑪〉

「真実告知体験――豆電球にいるもう一人のママと桃太郎ごっこ」――Ｈ・Ｏ

子どもを迎えて半年過ぎた頃だったと思います。寝る時に「○○ちゃんのママいないの」と断定的に言うことが１００回くらいありました。「ママはどこにいるの？」と私が聞くと、照明器具の豆電球を指さして、「あそこ」といつも答えていました。「じゃあ、ここにいるのは誰？」と言うと、何か別の返事が返ってきました。そうは言っても、その頃は私と一緒にいたがるし、私を否定しているわけではありませんでした。

真実告知は３歳の時で、場所はお風呂場でした。当時、幼稚園で「子どもはママのなかから生まれる」という話が流行りました。私の娘も「ママから生まれたんだよね」と頻繁に聞いてくるので、まだ早いと思っていたけれど、うそをつくのがいやだったので、「ちがうよ」と言いました。２人でお風呂に入っていて和やかな気分だったので、「○○は別のママのおなかから生まれたんだよ」と言いました。「（別のママって）誰？誰？」と聞いてきたので、「遠くに住んでいるんだよ、ママもよくわからないんだ。でも、○○はパパとママの大事な子どもだよ」と言いました。

桃太郎ごっこもよくしていました。娘が「○○ちゃんは桃から生まれた」と言い、生まれたまねをして「おぎゃー、おぎゃー」と言うので、私が「生まれたね、いい子、いい子」となでると満足した様子でした。娘は乳児院のことを覚えていたので、途中からうちにきたのはわかっていると思います。でも、そのことを忘れることがあって、その後も何度も「ママから生まれたんだよね?」と聞くので、「ちがうよ」と言うと、「桃?」と聞いてきた時期もありました。また「名前は誰がつけたの?」と聞かれたので、「○○ちゃんを産んだママが名前をつけたんだよ」と言いました。「なんで?」と聞かれたので、「その名前が気に入ったんじゃないのかな?」と答えました。また、「でも、○○ちゃんとママ(私)の名前の漢字は(一部)同じなんだよ、よかったね」と話を締めくくったところ、とりあえずは納得したようでした。

少し成長した今はもう、豆電球の話も桃太郎の話もしなくなりました。

〈体験談⑫〉

「真実告知体験――息子と娘の場合」――――M・U

私の息子は1歳半で児童相談所を通してわが家にきました。児童相談所や先輩の里親さんから、幼児のうちに告知をしなければならないと聞き、それがプレッシャーになったように思います。

息子が3歳の時、公園に遊びに行って風が強く寒かったことがあります。その時、息子が「寒いから、お母さんのおなかのなかに戻りたい」と言ったので、これは告知のチャンスだと思いました。私は次のような告知のストーリーを準備していました。「本当はお母さんのおなかから生まれる予定だったけれど、神様がまちがえてほかのお母さんのおなかに入れちゃった。おかしいなあと思っていたら、児童相談所の先生が、あそこのお母さんから生まれた赤ちゃんはあなたの赤ちゃんじゃないですかと教えてくれて、うちにきたのよ」

この話は息子にとってショックだったようです。公園からの帰り道、強く抱っこをせがまれて、家まで抱っこで帰ったのを覚えています。通りかかった乗用車に「駅まで乗っていきますか」と声をかけられたので、はた目からも大変に見えたのでしょう。それがはじめてのいわゆる真実告知でした。私は義務感から解放された気持ちになりました。その後、生活に変化は特にありませんでした。

小学2年生の時の「生い立ちの授業」は、「君たちとはじめて出会った時の感想をお母さんから聞いてきてください」というもので、難しいものではありませんでした。息子が養子であることは担任の先生は知らなかったので、たぶん今までの人生経験のなかでそういう言葉を使ったほうがいいという配慮だったのでしょう。私は息子に、「とてもかわいかったよ」と言いました。そして生まれた時の様子を息子に聞かれたので、半分ごまかしたような表現で「普通、赤ちゃんを産むときは痛いんだよ」と言いました。3歳の時の話は忘れているようでした。その時のことを大人になった息子に聞いてみたら、私がごまかしたことを当時、不思議に感じていたそうです。

小学3年生の時には2人目を迎えました。その際、「あなたもこうやってうちにきた子なのよ」と話しました。当時、息子が友達と遊んでいる時に、「今度、妹が家にきたんだ。僕が妹がほしいといったので、そういう子どもがいるところから妹がきたんだ」と友達に説明したそうです。2人の話を聞いていた友達のお母さんから、私にそう連絡がありました。息子なりに自分の言葉で里親制度のことを友達に話したつもりだったと思います。「妹はそういう場所からきたのだけど、自分は妹とは違うんだぞ」と考えたがっているのか？　とも思いました。5年生の時には、生みのお母さんが育てられなかったので、児童相談所を通してわが家にきたと説明しました。迎えた当初のエピソードなども話しましたが、息子の反応は「へえ、大変だったねえ」という程度で、ドラマチックな展開はありませんでした。息子は、ああそういうことだったんだと納得したそうです。

娘には別の方法で告知をしようと考えました。真実告知は親が教えるものじゃなくて、子どもが知りたい時に伝えるものじゃないかと私は考えるようになっていました。幼いうちに告知するというのは義務感から解放されたい親のための告知であって、幼い子どもが本当に知りたいことではないと思ったのです。そういうわけで、娘がルーツを聞いてくるまで待とうと思いました。

小学２年生の生い立ちの授業は、特に親が何も言わずに済ませました。２年生にして、「もっと具体的に話を聞きたいのよ」と娘がつっこんで聞いてきて、おもしろかったです。その時は「そういっても、昔のことだから忘れちゃったけれどもね」と返事をしました。娘は幼児の時に迎えたので、生い立ちの授業で使うような赤ちゃんの時の写真がなく、それが娘にとって不満だったようです。

小学４年生の時には、里親会の親睦旅行に参加する機会がありました。参加者名簿を見て、娘が「どうしてこの家族は親子なのに名字が違うのか」聞いてきました。姓が違うのは里親子だからと説明し、里親制度を説明しました。「あなたはこの親子のように里子としてうちにきて、その後、養子になったのよ。お兄ちゃんも同じなのよ」と養子のことも説明しました。これが娘へのはじめての真実告知となりました。その後、しばらく経って、あの告知をどう思ったか娘に聞きました。娘は「お母さん、何を言い出すんだろう」と驚いたそうです。娘の場合は、本人が自分のルーツを受け入れられる時期に真実告知ができたので、よかったです。その証拠に、2人で歩いていて、中年女性とすれ違うと、「お母さん、もしかしてあの女性が私を産んだお母さんってことかもしれないね」と日常会話のなかでルーツの話題が出ています。娘は娘なりに事実を咀嚼《そしゃく》して飲み込んでいるようです。

養親であることを他人に言わなかった時期が私にはありました。それは、養親だと見られたくなかったのではなく、親が告知する前に、第三者から息子や娘が養子であることを本人に告げられるのを避けるためでした。現在は息子も娘も養子である事実を理解しているので、周囲に養子であることをオープンにしています。

自分が養親であることを人に知られたくないということは、実親子に見られたいということを意味しており、その裏には養子を差別する心があると思います。ということは、自分自身を差別しているということになります。子どもには自分のことを知る権利があります。養子であることを隠すのは、子どものためによくないことだと思います。

〈体験談⑬〉
「真実告知経験――成長に合わせて話してきたルーツ」――Y・S

私は結婚したら子どもが欲しいと思っていましたが、心臓に持病があり出産には危険を伴うため、緊急時に対処ができる大きな病院で出産するようにと医師に言われていました。ですから、自分としては子どもが欲しいけれど産むのが怖いという気持ちがあり、積極的に不妊治療は受けませんでした。でも、結婚して年数が経つにつれ、やっぱり子どもを育てたいという気持ちがどんどん強くなってきました。

たまたま、学生時代の友人が児童相談所から子どもを迎えて養親になっていたので、自分も養子を迎えようかな、そういう道もあるなと思いました。その友人のおかげで養子を迎えることが身近に感じられ、抵抗なく養子を考えることができました。彼女の存在がなかったら、今でも夫婦2人の生活だったかもしれません。

実際に里親登録したのは、結婚後6年目でした。里親登録はスムーズに進みました。登録から4ヵ月後には乳児の子どもの紹介があり、数ヵ月間の交流を経て、わが家に迎えることができました。

真実告知に関しては、児童相談所の勉強会で「できるだけ早い時にするのがいい」と言われていたので、自分たちも早い時期に真実告知をしようと夫婦で考えていました。

最初の真実告知は、幼稚園の年少の時でした。赤ちゃんが生まれる内容の絵本を読み聞かせた時に「自分が生まれた時はどうだった？」と聞いてきたので「○○はママから生まれたんじゃないんだよ」と話しました。その時点でちゃんと理解できたかどうかはよくわかりませんでしたが、時々、子どものほうから、「ママから生まれていないんだよね？」と確認するような質問をしてきたので、一応わかっていたのではないかと思います。

年中のはじめに、幼稚園の先生から「先生のお母さんは1人？　自分にはお母さんが2人いるんだよ」と子どもが言っていたと聞かされました。お母さんが2人いると話したつもりはなかったので、子どもはそう捉えたんだなあと意外に感じました。

小学校に入ってからは、小学2年生で生い立ちの授業があるので、担任の先生には事前に養子縁組家庭であることを話しておきました。先生は「生い立ちといっても、今はいろいろな家庭があるから、そんなに深く触れないし、お父さんとお母さんのおかげでみんなもこんなに成長したんだよという内容なので大丈夫ですよ」とおっしゃっていました。学校に、赤ちゃんの時の写真をもって行かなければならなかったのですが、ふさわしい写真がありませんでした。乳児院から子どもの成長を撮影したアルバムを渡されてはいましたが、一般家庭とは違った雰囲気の写真ばかりでした。それで、いとこの赤ちゃんの時の写真を借りて、子どもには「これが赤ちゃんの時の写真だよ」と言って渡しました。子どももなんの疑いもなく写真を受け取りました。

小学4年生の時「二分の一成人式」がありました。先生から事前に、歌で構成された「二分の一成人式」をやると言われていました。先生は歌詞の内容が大丈夫か私に確認するつもりで歌詞付きの楽譜を封筒に入れて子どもに渡しましたが、子どもは封筒が自分だけに渡されたので、不審に思ったようでした。歌詞はまったく問題ない内容だったので、「学校はそこまで気を使わなくてもよかったのになあ、気を使ってくれるんだったら、もうちょっと別の方向で気を使ってほしかった」と思いました。子どもは自分が養子だと知っているけど、そこまで特別なことだとは思っていなかったのです。学校が養子縁組家庭を特別視しているように感じ、私たち親子にとって少し負担に思いました。

平成26年には『明日、ママがいない』という児童養護施設が舞台となったテレビドラマが放映されました。子どもはいつになく真剣にそのドラマを観ていました。そして、「自分も（赤ちゃん）ポストと同じだよね」と私に言いました。「ポスト」というのは、ドラマに登場する女の子のニックネームで、赤ちゃんポストに預けられたことから付いたのでした。私はなんて答えていいのかわからなかったけれど、とっさに「全然ちがうよ、○○（うちの子）は赤ちゃんの時からお父さんとお母さんと家族でしょ」と答えました。この答がよかったかどうかはわかりません。ドラマに登場した「ポスト」と呼ばれた子どもに対して申し訳ないと思ったけれど、その時は、ほかに言いようがありませんでした。その話はそのとき限りで、その後「ポスト」という言葉を使って親子で話すことはありませんでした。

子どもは親しい同級生には自分が養子であることを話しており、時々、「(友達の)△△さんに(養子縁組家庭であることを)言ったよ」という報告を私にしてきました。なので、親子で親しくしている保護者には、そのたび、うちが養子縁組家庭であることを伝えました。悪く捉える人はおらず、「そうなんだ、○○はすごくいい子だよね」というような感じでした。子どもが同級生に言わなければ、当然、私も同級生の親に言うこともなかったと思います。子どもが先に同級生に伝えたので、自分からも保護者に話したほうが、誤解がなく安心できるだろうと思って、話しました。子ども同士での具体的なやりとりはわかりませんが、それで友人関係が変わったということはありませんでした。

小学5年生の時、「自分を産んだ人は今どこにいるの?」と聞いてきたことがあります。「ママも知らないんだ。もっと大きくなって会いたいと思ったら一緒に探してあげるからね」と返事しました。「もし、その人が自分のことを返してと言ったら、どうする?」と聞かれたので、「それは絶対返さないよ。どうしてかっていうと、○○はもううちの子で、戸籍にもお父さんとママの子どもって載っているから、法律上もうちの子なので返さなくていいんだよ。もし○○が悪い子になって、ママがもう返したいと言っても、それもできないんだよ。一生親子なんだよ」と言いました。子どもは「そうなんだー」と言ってすごく安心してうれしそうでした。戸籍の意味はよく理解できなくても、法律でもう決まっていると伝えて、話の内容が理解できたようでした。普段、親子であることを伝えていても、血がつながっていないという不安が根底にあるんだと知り驚きました。そして、「何があっても一生親子である」と、ちゃんと言葉で説明して子どもを安心させることも大事だと思いました。

子どもは今、中学生です。反抗期はまだ来ていないけれど、これから親子でもめるとしたら、勉強のことやスマホなど、ごく一般的なことだと思います。自分のルーツは本人が受け入れていると思うし、それに関しての心配は今のところしていません。ただ、私たち夫婦は子どもの同級生の親よりも年齢が高いので、子どもは気にしているようです。また、私たちもそろそろ日常的に健康の話題が多くなるのですが、それを聞くととても心配します。子どもを不安にさせないように、私たちもまだまだ元気にがんばらなくちゃと思います。

6　思春期

私たち夫婦はまだ本格的な思春期の子育てを経験していません。先輩里親養親から話を聞くと、体力気力を維持しなければと思います。児童相談所では思春期の子どもを育てている里親のサロンが開かれているので、私もこのような場所で相談に乗ってもらうことが出てくるのかもしれません。里子養子の子どもたちも親には相談しにくいことを子ども同士で相談し合うことがあるようです（里親会の旅行では、毎年、思春期の子どもたちが夜通し語り合って、翌日の朝は全員が眠そうです）。

ここでは、私の経験不足を補うために、子どもを成人させた養親と大人になった養子から経験を聞かせてもらいました。

〈体験談⑭〉

「不妊を乗り越えたのだから、思春期バトルも乗り越えられる」――S・I

乳児の時に迎えた私の子どもは小学校の高学年で荒れる前までは、自慢の子どもでした。荒れるきっかけとして思い当たる点はいくつかありました。１つは、教室に落ち着かないクラスメイトがいて、クラスメイトの暴力的な言動が子どものストレスになっていたことです。これは私個人の力で状況を変えることが難しく、子どものストレスを十分に受け止めることができませんでした。今思うと、「ひどいね、こわかったでしょ」と子どもの気持ちに寄り添うべきでした。もう１つのきっかけは、子どもに中学受験させたことです。子どもは塾に通いたくないと言っていたのに、私自身が中高一貫教育の良さを知っていたので、子どもを私立に進学させたいと考えていました。子どもは親を喜ばせたいので塾に通いましたが、塾がよっぽど嫌だったのか、一番大きな反抗のきっかけになったと思います。

小学校では悪いことを続けて起こしてしまいました。児童相談所に相談して、心理テストを受けた結果、子どもは他人の感情をくみ取れていない一方で、繊細でもあると指摘されました。子どものルーツが原因じゃないかとも言われましたが、それはあまり関係がありませんでした。私は小学校のＰＴＡで居場所がないと感じ、保護者同士のつきあいから逃げたいと思いました。中学受験は子どものためでしたが、私がその状況から逃げたかったのかもしれません。自分の経験からアドバイスするとしたら、子どもが何らかの原因で荒れている場合は、そういう状況から逃げないほうがいいということです。

逃げたら逃げた分、問題解決が長引きます。

その後、私立中学に進学したものの、そこでも子どもが問題を起こし、地元の中学に転校することになりました。地元でも歓迎されたとは言いがたく、子どもはさらに荒れました。でも状況をくわしく聞くと、子どもに言い分があることが多くて、先生の対応にも疑問をもちました。その時期は児童相談所で担当してくれた職員の方が親身に相談に乗ってくれました。

高校には良い成績で進学しましたが、途中で朝起きられなくなり、不登校になりました。本人が不眠症だと言うので、児童相談所から紹介された児童精神科医に診てもらうことになりました。月に1回、親も子どもも別々に医師と面談し、数回の面会を経て、子どもに発達障害があることがわかりました。その時、子どもにとって自分の置かれている状況を理解することは難しいことだと聞いて、とても納得したのを覚えています。例えば、小学校の低学年の時は、状況の変化が苦手だったり、予想していたことが急に変更になるとついていけないということがありました。親の言っていることが子どもには理解できなかったということもわかりました。私はいつも「どうしてあなたは普通にできないの」と子どもに言っていましたが、その「普通」の意味が子どもにはわからなくて、子どもも戸惑ったのではないかと思います。もっと早く、そうわかっていれば、違う対応ができたのですが……。その後、子どもは通信制の高校に移り、徐々に落ち着いていきました。子どものことは子ども本人にまかせよう、この子の生き方は自分とは違うんだ、なるようになるしかないと理解したのもこの時期です。そう考えたら、親子関係も落ち着いていきました。

子どもとのバトルはつらかったです。バトル真っ最中の時には、不妊治療のことを思い出して、不妊のつらさも乗り越えたんだから、この状況も乗り越えられるはずだと考えました。今考えても、子どものいない不妊ほどつらい出来事はありませんでした。

現在、すでに成人を迎えた子どもの姿は、子育て中に私が抱いていた理想像ではないかもしれません。でも、子どもは自分とは別の人格だということを理解でき、人として、対等な一対一の関係になれたと思います。

〈体験談⑮〉

「子どもを育てあげて思うこと――成長を待つ長い目をもとう」――J・Y

41歳で里親登録したあと、2年間待って、ようやく会えたのは当時、1歳ちょっとの男の子でした。乳児院で約2ヵ月交流したあと、はじめてうちに外泊しにきて、そのままうちの子になりました。その時のエピソードで覚えているのは、子どもが仏壇をのぞき込んだので、「おじいちゃん（私の父でその3年前に亡くなっていました）が〇〇を探してくれて、連れてきてくれたんだよ」と子どもに語りかけたことです。私はずっと不妊治療をしてきましたが、うまくいきませんでした。子どもを迎えて、全面的に自分を慕ってくれる人が自分の人生に登場したことで、今までの治療のつらさや不妊であることの劣等感のような気持ちが帳消しになりました。子育てがうまくいかないと悩んだ時もあったけれど、子どもは私を慕ってきてくれました。

告知は幼稚園の年中の冬でした。子どものほうからきっかけをつくってくれることを待っていたところ、テレビで赤ちゃんが出てくる番組を見て、「僕もおなかのなかで動いた？」って聞いてきました。「お母さんはおなかが壊れて〇〇を産んであげられなかったんだよ、ごめんね」と言いました。うかつにも涙を流してしまい、2人で泣きました。「お友達にいうと、びっくりするから内緒ね」と言ったのですが、次の日には幼稚園で人に言ってしまいました。その後、子どものほうからは何も聞いてくることがなく、現在に至っています。子どもはもう成人していますが、今のところ、生みの親を探そうという気はないようです。

私の周囲には、子どもを守りたいという理由で告知をしない養親もいました。ですが、養子であることを完璧に隠すことはできません。告知しないで大きくなり、隠していたことがわかってしまうと、今までのことがうそになってしまう。子どもはそこから立ち直っていくのが大変です。ちょっとしたことから、事実を子どもに知られてしまい、大変なごたごたになってしまった家庭も知っています。荒れてしまった子も、今は結婚して、すっかり落ち着き、親になっています。大事に育てられた子どもは荒れても踏み留まれるのだそうです。

思春期は結構荒れて、１週間ハンストをして、給食しか食べないこともありました。その時は食べることを強要せず、わざと子どもの好きなものをつくって並べたら、向こうが折れました。不登校もしましたが、自分を受け入れてくれると感じた高校に進学したことで、休まずに通い、今は大学生となりました。

今はもうないのですが、昔、特別養子縁組の家族の会があって、毎年旅行したり、個人的にお泊まりに行ったり、子ども同士もお互い仲良くしていました。お互い養子であることをわかっていて、子どもたちにとって「自分は１人じゃない」と思える大事な場所だったと思います。みんなで遊んでいる様子を見て、安心感が伝わり、晴れ晴れとしたものを感じました。

養子であることを隠すと、「自分は何かいけない存在ではないか」と思う子もいると思います。それはよくないです。「養子であることを友達に言っちゃいけないんだ」となると、それは子どもにとって、とても重いので、それを解放してあげることが必要ではないでしょうか。養子であることを他人がどう思うか心配だという人もいると思います。確かに、子どもが小さいうちは配慮も必要だけれども、ある程度大きくなったら、親はびくびくしてはいけません。悪いことしているわけでもなんでもない、開き直った気持ちで、どんと構えていることが大事だと思います。親子関係がきちんとしていれば、誰になんと言われようと「親子です」と構えていられるはずです。

養親は、ほかのお母さんに言えない、相談できないこともあるのも事実です。みんながみんな、養子縁組家庭を理解してくれているわけではありません（親戚も例外ではありません。びっくりするようなことを言われたこともあります）。だからこそ、養親もお互いに横のつながりをもって、理解しあえる場に出向いたほうがいいです。

いまどきの子どもはなかなか自立しません。長い目で見てやることが大事だと思っています。今では、何かの折に、「そういえば、産んでなかった」と思い出すくらい、養子を迎えたということは忘れています。子どもが自分の家庭を築く時まで、しっかりと受け止めていきたいです。

〈成人した養子からのメッセージ〉

「堂々と普通に育ててください」――R・K

最近、母が昔書いた日記を読ませてもらう機会がありました。そこには、子どもが欲しいのに授からないこと、里親登録したあとに乳児院ではじめて私と出会ったこと、私との相性が良いので、出会って1週間で「家に連れて帰りませんか?」と聞かれ、あわてて準備したことが書かれていました。過去に一度、母は私に日記を見せたことがあると言っていましたが、私は全然憶えていません。私がきたあとの日記には、「もうだめかもしれない、自分の時間もなくて、体力的にもきつい」とも書いてあり、育児は大変だと思いました。私の一番古い記憶は、かつて住んでいた団地に酒屋があり、そこでジュースを買ってもらったというものです。乳児院の記憶はなくて何も覚えていません。

告知に関しては、3~4歳頃に、「一度言ったことがある」と親に言われましたが、その時のことは覚えていません。自分が告知を意識したのは小学4~5年生の時で、親が妹を迎えた時だったので、「あなたも妹と同じように乳児院からきたんだよ」と言われました。その時はショックとかはなく、「ああそうなんだ」と思いました。逆に妹がきてからは、なんで今まで自分が養子だと考えなかったんだろうと思いました。妹がそういうプロセスでうちにきたのだから、自分も同じ可能性があったのにまったく気にしていませんでした。

あと、両親の部屋に不妊症に関する本があったのを覚えています。CDラックの奥のほうだったけれど、普通に置いてあったので、子どもが目にすることは可能な状態でした。小4の時でしたが、妊娠するための本だということはわかり、なんでそんな本があるのだろうと思いました。妹がきてからは、その本がある理由がわかり、子どもができなくて自分が引き取られたんだとピンときました。自分の状況はそのまま受け入れた感じです。生みの親や乳児院の記憶がないし、今さらどうこうということはありませんでした。告知後の母の様子も別に変化はなく、それ以降、お互い、その点について確認し合ったり、話題にしたことがありません。

思春期は反抗したけれど、血がつながっていないことをもち出して、喧嘩したり、自分で悩んだりしたことはありません。反抗期には、反抗する理由がないとなんとなく落ち着かないから、「血がつながっていないことを理由にしてみようか」と思ったけれど、「それも違うな」とあっけなくやめました。親は自分が荒れている理由をいろいろ考えて悩んでいたようでしたが、親が考えているほど理由はなかったです。たぶん、エネルギーを発散したかっただけです。もし養子が思春期に荒れていたら、その理由は養子であることが理由でないこともあるので、養親も養親であるということを理由にしないほうがいいです。「自分が養親だから子どもが荒れるんだ」という考えはよくないし、それが子どもに伝われば、子どものほうも、「自分のことをそんなふうにネガティブに思っているんだ」「実子じゃないから荒れていると思っているんだ」「実子と養子を区別しているんだ」と捉えてしまいます。子どもは敏感に察するし、何も知らないと思ってはだめです。実子だろうと養子だろうと思春期に荒れる子は荒れます。私は今、20代前半ですが、高校に入る頃にはすでに荒れることに飽きていました。別のことに熱中していたので、反抗する時間もなくなったといったところです。

生みの親を探そうと思ったことはありません。探した結果、自分がどうこうすることはないし、探すことに執着がないし、探すことに意義が感じられません。逆に、探したい人は探してどうするんだろうと思います。自分は自分なんだという気持ちがあるので、探して見つかったとしても、今さら何も変わらないと思います。どんな人か顔かたちを見てみたいという気持ちはあります。それだって、写真があればそれで解決するし、会う必要はないです。向こうだって、小さい頃手放した子どもに会っても気まずいでしょう。生みの親に関しては、赤ちゃんの時に手放したということと名字しか知りません。自分がいやだったら元の姓に戻ることも可能だと告知の時に一応の説明はありましたが、

「出席番号が変わる程度の話だなあ」と思った記憶はあり、ただ、それだけです。

私は自分を肯定できているので、血のつながりうんぬんで心が揺れるということはありませんでした。なぜ自分を肯定できるかというと、これといって説明できるようなこともなく、気がついたら、自分はこういう人間だったということです。自分で自分のことが嫌いな人は、楽しくなくて損だと思います。ネガティブにエネルギーを使わず、楽しいことにエネルギーを使いたいです。なので、怒ったりとか、へこんだりすることはほとんどないです。反省するけれど後悔はしないです。友達にもいつも楽しそうだよねといわれ、実際、楽しく過ごしています。

真実告知はすべきだと思います。言ったほうが親にとっていいと思います。そうしないと、親が抱え込むことになります。パスポートを取得したり、住民票を取る段階でわかってしまうことなんだから、その前に言ったほうが、親も子どもも重荷にならないと思います。小学高学年のころに伝えれば、ちゃんと自分のことは考えられるし、まだ親のそばにいる年齢なので、親としても子どもの様子をそばで見られるし、フォローもしやすいだろうと思います。これが中学になってしまうと、部活とかで、親から離れる時間も増えるので、子どものもやもやに気づけなくなることもあるでしょう。告知されて気にする子もいるでしょうし、親の目がとどく年齢で伝えたほうがいいと思います。

里親会の旅行で似たような立場の里子や養子と過ごし、一緒に大きくなってきたことも、告知を受け入れやすかったことにつながったと思います。自分と同じような状況の子どもたちも結構いるんだなあと思いました。成人した今でも行事で顔を合わせて普通に付き合っています。

小学２年の時に自分の生い立ちについての勉強があり、生まれた時の状況や名前の由来を親に聞いてきなさいという授業がありました。親はその時、よくやってくれたと思います。名前の由来はわかりませんでしたが、父が漢字の意味から、いろいろ調べてくれて、プリントを文章で埋めることができました。その授業でいやな経験はしていませんが、親は心配だったかもしれません。

これから養親になることを希望する人は、養子だから実子だからという違いはあまりないと思うので、そこを変に気を使う必要はないんじゃないでしょうか。「幼稚園のママ友とのつきあいで、出産の話題になると、受け答えに詰まる」みたいなことが母の日記に書いてあったけれど、かといって、養親ということに引け目を感じる必要はないです。堂々と普通に育ててください。

第7章

養親が受けられる支援と当事者グループ

養親の当事者グループといえば、児童相談所から子どもを迎えた場合は里親会、民間機関から迎えた場合は同じ機関で子どもを迎えた人たちでつくる養親の会です。一般家庭とは違った悩みが出てきた時に子育てに煮詰まらないよう、このような集まりに参加して、横のつながりを得ておくことをお勧めします。

次に紹介するのは、民間機関から子どもを迎えた人も参加できるサロンです（事前に問い合わせが必要なサロンもあります）。

◆社会福祉法人 子どもの虐待防止センター（東京都）

子どもの虐待防止センター（CCAP）は、子どもの虐待を早期に発見し、虐待防止を援助するために設立された民間の団体です。特定の養育者と愛着を築くことに課題をもつ子どもに対する「愛着プログラム」を開催するなど、里親・養親の支援に取り組んでくださっています。

平成26年度は、「真実告知　年齢に応じた伝え方」と「思春期を乗り切るために　自己肯定感を育てるには」の2回、「特別養親サロン」が開催されました。私は真実告知のサロンに参加させていただきまし

社会福祉法人子どもの虐待防止センター　連絡先
〒156-0043　東京都世田谷区松原1-38-19　東建ビル202
TEL：03-5300-2990（電話相談）
受付時間　平日：10:00〜17:00
　　　　　土曜：10:00〜15:00（日・祭日は休み）
ホームページ：http://www.ccap.or.jp/index.html

た。多くの里親・養親の相談を受けてきた経験豊富な相談員さんから講話をうかがったあと、参加者のみなさんと意見交換をしました。地元の里親会とはまたメンバーが違い、新しい出会いと分かち合いの機会となりました。サロンの情報は、ＣＣＡＰのホームページで案内されるので、興味がある方は、アクセスしてみてください。平成27年度は３回開催される予定だそうです。ＣＣＡＰでは、里親・養親からの相談を電話でも受け付けています。

◆橋本里親サロン（神奈川県）

橋本里親サロンは里親・養親たちが、子どもの心理や福祉にかかわっている専門家や里親支援に熱心な方たちと一緒に日々の子育てについて、考え、話し合う場です。

開催場所：原則としてソレイユさがみ。ＪＲ横浜線・京王線橋本駅北口に隣接しているイオン橋本店の６階
開催時期：隔月開催。10時～12時30分
参加費：５００円
支援者ではじめて参加する方は岡崎さんまで要連絡　(okyon3029@ezweb.ne.jp)

◆志希の集い（埼玉県）

志希の集いは里親・養親たちが、子どもの心理や福祉にかかわっている専門家や里親支援に熱心な方たちと一緒に日々の子育てについて、考え、話し合う場です。243頁にも紹介記事があるのでお読みください。

開催場所：志木市ふれあいプラザ。東武東上線志木駅に隣接しているマルイファミリー志木の8階

開催時期：隔月開催10時30分～13時

参加費：500円

問い合わせ用メールアドレス　（clearbookstereo-tsudoi@yahoo.co.jp）

◆日本財団ハッピーゆりかごプロジェクト

ハッピーゆりかごプロジェクトは、産みの親がなんらかの事情で育てることのできない赤ちゃんたちが、できる限り早く特別養子縁組により愛情のある家庭で育つことのできる社会を目指すために始まりました。特別養子縁組に関連したシンポジウムやイベントのほか、次のような養親家庭への支援をしています。

①養親＆養子のよろづ相談
養子を迎えた方や、養子本人からの相談を受け付けています。
毎週水曜：10時～16時　電話：０３－６２２９－５２３９
問い合わせ用メールアドレス　（tokubetsu_youshi@ps.nippon-foundation.or.jp）

②アドファミリー交流会
民間機関や医療機関、児童相談所を通して養子縁組をされたアドファミリーが集まり、ざっくばらんな情報交換、支え合いの場を提供します。平成26年度は３回開催されました。日程等は日本財団にお問い合わせください。
ホームページ　（http://happy-yurikago.net/）

◆家庭養護促進協会　神戸事務所　（連絡先は65頁参照）

①里親サロン
兵庫県にお住まいの里親の参加が多いそうです。民間機関から子どもを迎えた養親が参加を希望する場合は、神戸事務所にお問い合わせください。

②真実告知研修会

年に1回、真実告知研修会を開催していて、里親養親の方であれば、どなたでも参加することができます。

日程は神戸事務所にお問い合わせください。

◆家庭養護促進協会　大阪事務所（連絡先は65頁参照）

①JBクラブ

養親と子ども、里親と子どもが集まって自由に遊ぶ広場として平成18年度に始まりました。月に1回（10時30分～15時）に協会のある建物のなかで開かれており、出入りは自由です。平日開催なので就園前の子ども中心ですが、夏休みやクリスマス会は就園児の参加も多いそうです。民間機関から子どもを迎えた養親も参加できます。

日程は大阪事務所にお問い合わせください。

②血のつながらない親と子のためのホットライン

里親子、養親と子どもからの悩み相談を受け付けています。

06－4304－1085（平日11時～17時）

思春期の子どもをもつ養親からの相談や養子自身からのルーツ探しなどの相談もきているそうです。

〈体験談⑯〉
「自分たちでサロンを立ち上げてみましょう」——志希の集い　金川世季子

私は養育里親として今まで8人の子どもとかかわってきました。小さい時から成人するまで長期で育ててきた子どもたちもいますし、2〜3年間一緒に暮らした子どもたちもいます。里親歴が長いので、里親会の活動にも長くかかわってきました。自分も里親会の仲間に助けられたことがたくさんありました。また、里親会の活動を通して、さまざまな里親さんと知り合いになり、子育ての姿を見てきました。そのなかには、養子縁組前提で子どもを委託された方々もいらっしゃいます。

里親同士の交流を通して、里親同士、同じように悩んでいるんだなと思ったり、この人はこういう心のくだき方をして子育てしているんだなあとか、いろんな人がいるんだと思いました。子育てで苦しんでいるのは自分だけじゃないと思ったり、逆に、私だったら、こういうふうにしないなと思ったり、私もああしてみようと思ったり、まねしてみようと思ったりしました。里親同士の交流でたくさんのプラスがあったので、これから里親養親になる人にも横のつながりをもってほしいです。

志希の集いをつくろうと思ったきっかけ

私は自分の子育て上の悩みが他の里親や児童相談所に理解してもらえないと感じたことがありました。ある時、同じように感じている人がいて、1人で悩みを抱えていました。また、ある時には「里親サロンはよい場所だけれども、悩みの回答がなかなかもらえない」とおっしゃる里親さんがいました。たしかに、おしゃべりして発散はできるのですが、悩みの回答が必ずしも得られるわけではありませんでした。そのように考えていた時、志木周辺で里親サロンがあって、そこにいろいろな支援者がきてくれたら、その周辺の人たちも集まって勉強できるのにね、そういう場をつくれたらいいねと声をかけてくれた人がいました。そして、そうだ、自分が必要としていたのはこういう場だと確信したのです。

そう思ったものの、実際は、不安でいっぱいでした。児童相談所が開催するサロン以外のものをつくっていいのだろうかとか、自分の力量以上のことなのではないだろうかとか思いました。ですが、子どもの虐待防止センターの岡崎京子さんから開催協力の申し出をいただき、実際に開催までのいろんなことを引っ張ってくださり、私はそれに乗っかって、会場の確保など事務面をなんとかして、２０１０年6月に発足し、第1回目の開催にこぎつけました。１人でやるのは継続性を考えてもあまりよくないと思ったので、もう1人、埼玉県の里親さんにも加わっていただき、助けてもらっています。それからは、岡崎さんと相談しながら、私たちの悩みに具体的なアドバイスをくださる支援者の方々をお呼びして、お話を聞いたり、話を聞いてもらったり、実りのある場所として継続的に開催することが叶っています。

悩みのない子育てなんてない　数人集まったら養親グループをつくって活動を！

私の周囲には子どもを委託されて養子縁組が成立すると、音信が途絶えてしまう人たちがいました。里親会から抜けてしまったり、里親登録を辞退したり、引っ越したりと、事情はさまざまだと思いますが、この養子縁組家庭はこのあと大丈夫なのだろうかと思っていました。子どもが小さいうちはよくても、思春期特有の悩みが出てきた時に、相談する人や場所はあるのだろうかと心配になりました。実際、里親の大会や研修などで、養親さんが悩みを抱えているのに悩みを話せる場所がなくて困っている話をたびたび聞きました。

養親だということを知られたくないために相談場所がない人もいるようでした。自分で産んでいない、血がつながっていないことは事実に間違いないのだから、ここから目を背けずに養子の子どもと一緒に自分が選んだ道を生きるべきだと思うのです。

子どもも自分も孤立しないように、思いを共有できる場所、複数の引き出しをつくっておくことが大事です。特に、子どもが「自分だけが養子だ」と孤独な環境にあるのは望ましくありません。学校の仲間、習い事の仲間、そして、養子の仲間など、さまざまなグループに所属しながら、成長していくのが必要だと思うのです。お住まいが志木から遠くなければ、志希の集いを引き出しの1つとして利用してください。

もう1つ、アドバイスしたいことがあります。養親はやっと親になれた喜びもあって、一生懸命育てているんだけれども、子育てが思うようにいかないことがあります。そうすると自分を責めがちになります。こういう時は、地域の子育て支援機関を利用したほうがいいです。公共的な機関であれば、守秘義務があるので、養子のことは他に漏れないし、冷静な目で親子を見て対応してくれると思います。

また、養子縁組のグループを自分たちでつくって、ルールのもとに気持ちよく参加できるように運営してみるのも1つの方法です。悩みのない子育てなんてないから、いろいろな引き出しを利用して、心を軽くしてください。親が子育てを楽しんでいれば、結果的に、子どももハッピーになると思います。

志希の集いのお約束

１　ここで話されたことは、外にもち出さない
２　誰かが話している時は、口をはさまない
３　１人ずつ順番に話す
４　無理に話さなくてもよい
５　里親さん、養親さん以外の方は、事前にご連絡ください

毎回、守秘義務誓約書に名前、住所、電話番号を書いていただいています。場所などの詳細は240頁をご覧ください。

おわりに

養親として子どもを迎えて育てていることを人に伝えると、「立派な人」とか「奇特な人」という反応をいただくことがあります。伝えられた方は、どう反応していいのかわからなくて、気を使ってくださったのだと思います。あるいは「そこまでして子どもを迎えたガッツが立派」ということなのかもしれません。

一方、私は「立派なのはウチの子。よくぞウチに来てくれた！」「奇特なのはウチの子。私たち夫婦の子どもになってくれて、人生のスタートからすごい善行を積んだよね」と毎回、心のなかでつぶやいています。実子を育てているご夫婦も、わが子との出会いの奇跡を同じように感じていらっしゃるのではないでしょうか。

本書に掲載した里親・養親、養子当事者の体験談は、私が聞き書きしてまとめたものです。掲載した体験談以外にも、関係者の方々からお話を聞かせていただきました。話をうかがうなかで、児童相談所と養子縁組をあっせんしている民間機関がそれぞれ持ち合わせる得意分野をフルに生かして、手を組んでいけば、タイミングを逃さず、子どもにとっての最善の利益が実現できるのではないかと私は感じました。それは、子どもを手元におけるよう、子育てしながらの生活が成り立つよう妊婦・生母をサポートすることかもしれません。または、生母のもとに戻れない子どもが乳児院で長期間暮らすことなく、養親に迎えられるよう支援することかもしれません。現状では、児童相談所と民間機関の連携が十分にできているわけではなく、とても残念に思います。児童相談所と民間機関がお互いの実践に敬意を払い、連携が進むことを願ってやみません。

妊娠相談や養子縁組は、大人目線で語られがちで、「望まぬ妊娠」とか「養子縁組あっせん」という言葉が使われています。養子当事者が目にして、自尊心を失うことがないよう、「望まぬ妊娠」に代わって「予期せぬ妊娠」が使われる世の中になってほしいものです。本書では、養子縁組が必要な子どもと子育てを望む夫婦の出会いを支援している民間機関を、「養子縁組をあっせんしている民間機関」と表記しましたが、これについても、「あっせん」を別の適切な表記に変える必要があると感じています。まず「あっせん」と聞けば、職業の斡旋が連想されます。養子当事者が目にして耳にして、不快に感じない言葉を大人が使うことで、当事者がもっと安心して生活できるようになるとともに、子どものための養子縁組が社会で理解されやすくなると思います。世の中に出回っている言葉を変えていくには、読者の皆様のお力も必要です。どうしていけばよいか、一緒に考えてくださるとうれしいです。

本書は、多くの方々の協力を得て執筆することができました。まず最初に、快くインタビューに応じてくださった里親・養親の皆様、ありがとうございました。そして、養子当事者の話を聞かせてくださったＲ・Ｋさん、ありがとうございました。寄稿してくださったモリーヴの永森咲希さん、元家庭裁判所調査官のＥ・Ｓさん、ありがとうございました。インタビューを受けてくださった全国養子縁組団体協議会の白井千晶さん、あんしん母と子の産婦人科連絡協議会の鮫島かをるさん、ありがとうございました。その他にも、養親の皆様から経験談をうかがい、参考にさせていただきました。ありがとうございました。

また、以下の方々から貴重な知見や情報を分けていただきました（順不同）。養子と里親を考える会の菊池緑さん、ＮＰＯ法人Ｆｉｎｅの松本亜樹子さんと高井紀子さん、ＷＡＩＳの石井慶子さん、日本財団の高橋恵理子さんと赤尾さく美さん、アクロスジャパンの小川多鶴さん、家庭養護促進協会大阪事務所のスタッフの皆様、家庭養護促進協会神戸事務所の米沢普子さん。皆様、ありがとうございました。

そして以下の方々から、励ましをいただいて、なんとか本書を書き上げることができました。養育里親の金川世季子さん、日本社会事業大学専門職大学院の宮島清先生、文京学院大学の森和子先生、子どもの虐待防止センターの岡崎京子さん。ありがとうございました。

最後に、養親家庭に心を寄せてくださっている明石書店会長の石井昭男さん、何かとアドバイスくださいました編集担当の深澤孝之さんにお礼を申し上げます。

吉田 奈穂子

２０１５年10月４日

●著者紹介

吉田奈穂子（よしだ・なおこ）

上智大学法学部卒業。出版社勤務を経てフリーライター。約3年間にわたる不妊治療を経て、2004年に埼玉県で里親登録し、翌年より里親生活を開始する。委託された子どもとは特別養子縁組済み。現在、地元の地区里親会にて里親研修会の企画・実行や里親制度の啓発活動に携わる。著書に『子どものいない夫婦のための里親ガイド――家庭を必要とする子どもの親になる』（明石書店、2009年）がある。

子どものいない夫婦のための養子縁組ガイド
――制度の仕組みから真実告知まで

2015年10月25日　初版第1刷発行

著　者　吉田奈穂子
発行者　石井昭男
発行所　株式会社　明石書店
〒101-0021　東京都千代田区外神田6-9-5
電　話　03（5818）1171
FAX　03（5818）1174
振　替　00100-7-24505
http://www.akashi.co.jp
装丁　明石書店デザイン室
印刷／製本　モリモト印刷株式会社

（定価はカバーに表示してあります）　ISBN978-4-7503-4262-7